播音主持艺考：模拟主持

编委会

主　编：谢伦浩

副主编：方　言　林昆山　王　艳

编　委：李诗涵　刘　妍　曹丽姿
梁梓靖　刘翌翔　廖　嫔
邹　燕　陆圆圆　梁亮迎
赵卓瑶　吴　晓　白　杨

播音与主持艺术专业
考前辅导丛书

BOYIN YU ZHUCHI
YISHU ZHUANYE KAOQIAN
FUDAO CONGSHU

播音主持艺考
模拟主持

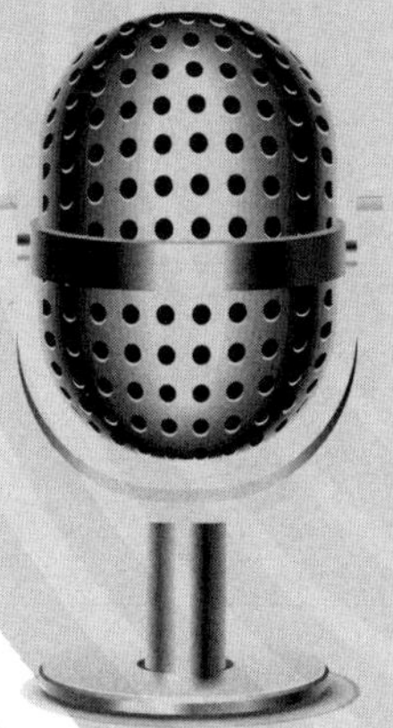

BOYIN ZHUCHI YIKAO
MONI ZHUCHI

谢伦浩◎主 编

CUCP 中国传媒大学出版社
·北京·

图书在版编目(CIP)数据

播音主持艺考:模拟主持 / 谢伦浩主编. -- 北京 :中国传媒大学出版社，2020.9（2025.6 重印）
（播音与主持艺术专业考前辅导丛书）
ISBN 978-7-5657-2752-8

Ⅰ. ①播… Ⅱ. ①谢… Ⅲ. ①播音—语言艺术—教材
②主持人—语言艺术—教材 Ⅳ. ①G222.2

中国版本图书馆 CIP 数据核字(2020)第 152788 号

播音主持艺考:模拟主持
BOYIN ZHUCHI YIKAO:MONI ZHUCHI

主　编	谢伦浩
策划编辑	赵　欣
责任编辑	张　笛　赵　欣
责任印制	李志鹏
封面设计	拓美设计

出版发行	中国传媒大学出版社		
社　址	北京市朝阳区定福庄东街 1 号	邮　编	100024
电　话	86-10-65450528　65450532	传　真	65779405
网　址	http://cucp.cuc.edu.cn		
经　销	全国新华书店		

印　刷	北京中科印刷有限公司
开　本	787mm×1092mm　1/16
印　张	13.25
字　数	230 千字
版　次	2020 年 9 月第 1 版
印　次	2025 年 6 月第 3 次印刷

书　号	ISBN 978-7-5657-2752-8	定　价	45.00 元

本社法律顾问:北京嘉润律师事务所　郭建平

目 录

绪 论

近年来，模拟主持已成为播音主持专业考试的一项重要考查内容。所谓模拟主持，即在规定的时间内根据现场抽取的题目进行节目主持。考试准备时间为3—5分钟，主持时长每个学校略有不同，一般为1—3分钟。

该项考试主要是为了考查考生对文字的理解能力、提炼能力与以及语言的组织能力、表达能力与把控能力。与即兴评述相比，模拟主持更侧重于考查考生的主持能力与主持状态，是一种模拟真实节目主持过程的考查形式，是对考生有声语言、副语言、思维、心态以及镜头前状态等方面的综合测验。正因如此，很多考生对模拟主持有畏惧心理。虽然它确实是播音主持专业考试中的一大难点，但只要掌握方法，并配合有效的实践训练，学会举一反三，攻克这座大山并不难。

模拟主持考试的题型在不断丰富，主要类型包括材料评述类、社教服务类、活动综艺类与现场出镜类等。这其中，材料评述类模拟主持考查相对较多。

本书分为上、下两编。上编是模拟主持应试策略及范例详解，按材料评述类模拟主持、社教服务类模拟主持、活动综艺类模拟主持、现场出镜类模拟主持分为四大板块，并围绕这四大板块为考生讲解各类型的模拟主持策略，提供具体的范例详解，从而帮助考生熟悉模拟主持的整体情况，掌握考查重点，为模拟主持的学习奠定基础。

下编为模拟主持训练题库。模拟主持水平的提高并不能一蹴而就，唯有不断训练才能促成质的飞跃，所以这一部分为考生提供了近两百道真题，方便考生进行系统训练，做好日常累积。训练时，同学们要学会举一反三、融会贯通，只有这样才能真正提高自己的模拟主持水平。

愿本书能为正在准备播音主持艺术专业考试的同学们以及播音主持爱好者助一臂之力，学有所获，学有所成。

编者

2020 年 5 月

上编　模拟主持应试策略

模拟主持包括材料评述类、社教服务类等多种类型，尽管不同的类型具有不同的特点，但整体而言，这些类型仍然具有一定的共性，总结起来可以概括为“一性、二化、三感”：一性即逻辑性，二化即口语化、精练化，三感即对象感、交流感、镜头感。

一性——逻辑性

从内容上说，模拟主持要具有逻辑性，条理清晰、层次分明，表达内容要有主线。要做到这点其实并不难，关键是利用好模拟主持考试前那几分钟的准备时间。考生一定要做好整体构思、打好框架，将要表达的内容分为几个段落，想好先说什么，再说什么，做到层层递进、深化主题。模拟主持一定要有较严密的逻辑性和层次感，这是模拟主持成功的基础。

二化——口语化、精练化

从语言上说，模拟主持要注重口语化、精练化。

主持语言要口语化，即使用适合口头表达的语言主持。口语化的表达能使主持更生动自然。另外，主持人的话稍纵即逝，口语化的表达能帮助受众更好地接收和理解信息。因此，我们在主持时语言要简单明了、形象具体、通俗易懂，尤其在引用考题中的材料时，要尽量将模糊抽象的句子具体化，将书面语口语化，还要多使用结构简单的短句，便于受众理解和记忆。但要注意的是，口语化不等于频繁使用口头语，类似于“嗯、啊、那么、然后”之类的口头语要尽量避免使用。

语言表达除了要口语化之外，还应注意精练化，切忌啰唆，避免冗长拖沓。精练的表达给人以干脆清爽、干练稳重、从容大气的感觉。对于时间有限的模拟主持来说，言简意赅的表达是十分重要的，只有这样才能传递更多的有效信息。在考试中，有的考生说了四五句话还无法准确表达思想，还有的考生说话反反复复、颠来倒去、拖泥带水。这样自然无法给考官留下好印象。因此，口语表达应该精炼化。

三感——对象感、交流感、镜头感

从状态上说，模拟主持要具有对象感、交流感和镜头感，这三者是紧密联系、相互影响的。

对象感是指主持人在主持的过程中要意识到对象的存在。模拟主持的环境是虚拟的，现场没有观众，主持人就更需要有对象感，努力做到心中有观众。首先，作为传播主体的主持人，要有传受意识，要明确受众范围，从而调整主持状态。比如少儿节目的受众是小朋友，主持人在主持时就要更加亲切、活泼，在用声上也要有所变化。其次，主持人要帮助受众理解信息，语势要有起伏变化，必要时，可以通过放慢语速或者强调等方式来突出重点，唤起受众的注意。

交流感建立在对象感的基础之上，与对象感密不可分、相互交融。主持人在主持时处于一种拟人际交流状态，是在说话给受众听，因此一定要有交流感，不然主持就会显得死板僵硬，缺乏感染力。这要求主持人在表达时想象受众就在眼前，充分调动自己的播讲愿望，使主持处于积极的状态。

此外，镜头感对于模拟主持来说也相当重要。模拟主持考试一般都会录像，影像会直接在电视机上同步呈现。在该环节，考官会注重观察考生在电视上呈现出来的主持状态，但很多考生都缺乏镜头意识。比如，不敢面对镜头说话，注意力不集中，眼神到处乱瞟，手势过多、过碎等，这些缺点都会通过镜头在电视里放大，从而影响考生的整体形象和主持状态。

以上是所有模拟主持考试都需要注意的问题，也可以称为模拟主持的整体策略，即“一性、二化、三感”。当然，不同类型的主持各有特点，因此在整体策略的基础上还需细化，接下来的四个章节将做具体分析和讲解。

第一章　材料评述类模拟主持

材料评述类模拟主持，顾名思义，是围绕相关材料展开的一种评述结合的主持方式。这一章把材料评述类模拟主持分为新闻材料类和话题材料类两种类型：新闻材料类是在考题中给出一段新闻材料，要求考生根据新闻材料进行模拟主持；话题材料类是要求考生围绕一个话题主持一档节目。

第一节　材料评述类模拟主持策略

就目前而言，材料评述类是模拟主持考查的重点、难点，因为它涉及对事件的分析和评论，能够反映出考生的思想、见识和逻辑思维能力。尤其是话题材料类评述，没有相关的背景资料，考生只能依靠自己的知识储备进行主持和评析，这对考生提出了更高的要求。要想较好地完成材料评述类模拟主持，考生在掌握前面整体策略的基础上还应注意以下几点。

一、具备节目的整体意识

第一，要明确定位。在模拟主持中，我们要将自己定位为主持人，而非应试考生。主持人是节目的传播主体，是驾驭节目的人。因此我们在模拟主持时一定要有主体意识，即主持人要具有主动性，这也是主持人保持积极状态的关键。

但这并不意味着主持人的姿态是高高在上的,而应该与受众进行平等、真诚的交流。

第二,要了解节目的整体结构。广播电视节目都有基本结构,比如节目名称、主题、开场白、串联词和结束语等。尤其是新闻类节目,结构更加规整,模拟主持也同样如此。因此考生在设计的时候要注意节目的整体性,涵盖节目基本的构成要素,如给节目取个合适的名称,设计一段开场白,结尾要有结束语等。只有框架结构的基础打牢,才能保证主持的完整性。

考生可根据自身喜好以及具体材料对节目结构进行设计。这里介绍一个“七步走”的策略:第一步,设定节目;第二步,回顾上期;第三步,确定主题;第四步,概述材料;第五步,评述材料;第六步,得体引发(预告下期);第七步,结束。其中,第二步和第六步可视具体节目内容安排。下面举例说明。

一位安徽老人为躲避儿子过年向他要钱,竟千里迢迢“逃”到西安,还将自己的面部刮伤,谎称自己被抢劫了。这位老人有三个儿子,大儿子、二儿子都已成家,三儿子正在念书,几个儿子都经常向他要钱。老人虽然做生意,但去年一年没有挣到钱,为了躲避儿子,老人借口到西安谈生意,独自一人乘车来到西安。待了几天后,老人心急如焚,害怕自己空手回家无法交代。无奈之际,老人给大儿子打电话说自己被抢劫了。为了使大儿子相信他确实被抢,当晚经过激烈的思想斗争后,老人用刮胡子的刀片抵在额头,眼睛一闭,猛地一划,然后高呼“救命”。

模拟主持:观众朋友大家晚上好,很高兴与您相约在《百姓话题》,我是主持人××。(设定节目)

在上一期的节目中呢,我们一起探讨了失学儿童刘芳的故事,节目播出后得到了很多观众朋友的热烈反响,刘芳也特别委托我们栏目组,代表她向所有关心和帮助她的朋友们表示衷心的感谢。(回顾上期)

在今天的节目中呢,我要和大家探讨一个关于中国上下五千年文化的传统话题,那就是——孝敬父母、赡养老人。(确定主题)

一位安徽老人,有三个儿子,几个儿子都经常向他要钱。老人虽然做生意,但去年一年没有挣到钱。为了躲避儿子,老人便借口谈生意独自一人到了西安。可是待了几天后，老人害怕自己空手回家无法交代。无奈之际，便给大儿子打电话说自己被抢劫了。为了使大儿子相信他被抢，当晚经过激烈的思想斗争后，老人用刮胡子的刀片抵在额头，眼睛一闭，猛地一划，然后高呼“救命”。（概述材料）

听完这样一件事后，不知道电视机前的您有何感想？究竟是谁制造了这样一个本不该发生的悲剧？老人这样的无奈之举不得不引发我们的反思。古文说，羊羔跪乳，乌鸦反哺。孝敬父母、赡养老人是我们中华民族的传统美德，也是我们每一位公民应尽的责任与义务。我们每个人都会变老，如果那时我们的子女也像这位老人的孩子一样对待我们，我们将有何感受呢？（评述材料）

好了，今天的节目到这里就要结束了。再有几天的时间，我们又将迎来一年一度的母亲节。在这里，我代表所有的孩子向天下的每一位母亲道一句“节日快乐”，同时也希望所有子女都能怀着一颗感恩的心真诚地对待自己的父母。（得体引发）

感谢收看这一期的《百姓话题》，祝大家晚安，再见。（结束）

以上模拟主持就是按照“七步走”的策略进行的。刚开始练习时，大家可以按照这种方式训练，掌握规律后，再逐渐摸索出适合自己的主持模式。

二、合理设计内容

模拟主持的要求是根据题目或材料进行主持，涉及材料的改编以及整体节目内容的设计，具有一定的创造性。内容设计能更好地反映考生的思维能力和组织能力，是展现其主持水平的关键。那么，要如何设计才能使主持内容合情合理呢？

（一）认真解题

考生抽到题目后，最关键的就是解题，要看清题目，充分理解题目要求。这看上去非常简单，但往往是很多考生容易疏忽的地方。比如：请以“理性的自控”为话题主持一档节目。有的考生没有认真解题，看了一遍题目就开始构思内容,结果把重点放在了“理性”二字上,整个主持大谈“理性”。实际上,该题目的语意重点在“自控”上,“理性”只是修饰“自控”的定语而已,所以就算考生在模拟主持时语言组织得再好,也不符合题意。因此,认真解题是模拟主持的第一步,也是极其重要的一步。

(二)消化材料

考生要充分消化理解题目所给的材料,并进行深入分析。

首先,通读材料,了解材料的主要内容,掌握中心思想。

其次,合理利用材料。细读之后要明确解题的角度,分清主次,拎出重点。有时材料的篇幅较长,有很多内容跟考题并无太大关联,也不是受众必须得知的信息。对于这部分内容,考生可以一句话带过,甚至不必提及,面面俱到反而会使表达重点不明、叙述不清。毕竟,考试时间只有短短几分钟,所以合理利用材料显得格外重要。在日常练习时,考生可以找一些新闻然后将其压缩,用最短的篇幅将新闻复述出来。以下面的材料为例。

日前,上海市体育局与华山医院签署了医疗保障协议,华山医院成为在世界三大赛(奥运会、世锦赛、世界杯总决赛)上夺冠的上海运动员和教练的医疗保障定点医院。有媒体报道称,包括陶璐娜等 23 名在世界三大赛中获得冠军的上海运动员和孙海平等 4 名在国家队带出奥运冠军的沪籍教练员将享受这份终身免费的医疗保障。但记者昨天从华山医院获悉,在上海市体育局与华山医院签署的医疗保障协议中,医院提供的只是绿色通道服务,包括免去排队、由专家为其诊治、专人陪同等,并不涉及运动员和教练员的免费医保。

材料复述:最近有媒体报道称,上海将为 23 名在世界三大赛上夺冠的上海运动员及孙海平等 4 名沪籍教练员提供免费医保。对此,协议方华山医院表示,医院提供的只是绿色通道服务,包括免去排队、由专家为其诊治、专人陪同等,并不涉及免费医保。

最后值得注意的是,选取的角度不同,复述材料时的侧重点亦不同。以下面的材料为例。

1637 年，出生于伦敦的英国青年约翰·哈佛从英国剑桥大学毕业，到美国马萨诸塞州剑桥新建的学院工作，时年 29 岁。虽然哈佛身患肺病，但他工作很积极。第二年，由于肺病发作，哈佛不治而亡。尽管那时学校只有一名正式教员、一座木板房和几十名学生，但哈佛十分钟爱这所学校，所以他临终前立下遗嘱，将其约 400 本藏书和一半资产约 780 英镑捐赠给这所学院。这在当时的美国是微不足道的，但州政府为了让哈佛的善举成为一种风尚，便把校名由剑桥学院改为哈佛大学。今天的哈佛大学已经是一所多学科综合性的世界一流大学。可以说，它成功于一个年仅 29 岁的名叫哈佛的早逝青年的小小善举。

这个材料给我们的思维指向是多元的，至少可以从“州政府”或“哈佛”这两种角度立意。

第一种角度：哈佛的“一个小小的善举”，竟然引起州政府高度的重视，把剑桥学院改为哈佛大学，目的是让哈佛的善举成为一种风尚。这种可贵的政府行为对学习哈佛的善举有着极大的宣传和推动作用。从这个角度，我们可以提出这样的观点：“政府及时宣传、褒奖有善举的人，有利于促进良好风气的形成。”根据这个观点，我们在概述材料时，可以这样表述：

20 世纪 30 年代的美国马萨诸塞州政府获悉，在新建的剑桥学院工作的 29 岁青年哈佛，病逝前将其约 400 本藏书以及一半资产约 780 英镑捐赠给这所学院。马萨诸塞州政府为了让哈佛的善举成为一种风尚，把校名由剑桥学院改为哈佛大学。这个享誉世界的一流大学，成功于一个年仅 29 岁的名叫哈佛的早逝青年的小小善举。

第二种角度：哈佛的行为在当时的美国是微不足道的，但是哈佛没有考虑这些，他只想着能为社会做点贡献。他的这种“勿以善小而不为”的精神，值得我们学习。从这个角度可以提炼观点：“勿以善小而不为”“好事要从小事做起”。根据这个角度，我们在概述材料时可以这样说：

29 岁的哈佛在病逝前留下遗嘱，将其约 400 本藏书和一半资产约 780 英镑捐赠给剑桥学院。这在当时的美国是微不足道的，但正是因为有了哈佛和像哈佛一样献身公益事业的人,美国的哈佛大学才会成为世界一流的大学。

综上所述,概述材料提炼观点,要明确以下几点:

第一,读懂材料,明确材料的思维指向。

第二,从材料中提取自己感受最深的观点。

第三,概述时要与材料的观点一致。

第四,概述材料力求语言简洁明了。

第五,提炼的观点用判断句为好。

考生应根据以上技巧以及自己的实践经验,加强复述能力和概括能力的锻炼,打好基础,考试时将提供的材料合理地运用到模拟主持中。

(三)发表评论

根据材料发散思维,找到合适的角度和切入点,加入适当的评论,以阐明自己的观点。这是评述类模拟主持考试的重点,也是考查考生的分析能力、逻辑思维能力以及知识储备的关键。材料评述类模拟主持要想拿高分,一定少不了精彩的点评。好的评论往往能直抵人心,说出观众想说而说不出的话,让人有酣畅淋漓之感。换言之,评论不能仅仅浮于表面,泛泛而谈,要抓住根本,深入浅出,点评到位。如果考生的评论能有独特的视角和深度,能透过现象看本质,无疑会为模拟主持添分不少。中央电视台主持人白岩松的评论往往就能一针见血、发人深省。

2015 年 12 月 8 日《新闻 1＋1》播出了一期《假法王,真明星》,解密了张铁林和藏传佛教“坐床”仪式背后的故事。此节目一播,引起了很大的舆论反响。对此白岩松评论:

有人说呢,张铁林的确该拜白马奥色为师父。原因呢,并不是与藏传佛教有关系,而是演技方面,张铁林也不如自己拜的这个师父白马奥色,人家演活佛演得非常坦然。但是在他面前的时候呢,张铁林的演技的确就像他自己说的一样,“小了一点”。如果你说胡达荣一点本事也没有,他是不会成为白马奥色的。也不会让很多明星呢,心悦诚服地围绕在他的身边。

因此，他既有了本事，后面也拥有了实力。这种实力或许也包括“或真或假”地获得某些“或真或假”的资质认证。但是他又模糊了这样一个界限，让大家信以为真。同时在经济方面也有越来越多的一些实力，因此当然要对自己进行一些包装。

在节目的最后，白岩松发表评论说：

其实好多人都以为“活佛”两个字的身后必有法力，加上有很多内心的需求。我们不能说很多人要信一些东西是错的，因为他们有这样的一些需求。但是就有一些人去扮演了这样的一些角色，从而钻了一些漏洞。其实那些自己钻漏洞的演员就像是自己盖了几间房子，然后对自己进行一些包装，于是很多人就被吸引进去了。不排除其中会有个别的高人有些临时的路过，但那也只是一些极偶然的事件。其实佛教的一个重要的说法就是，佛在你心中，如何真正地把它打磨出来，才是你要做的事情。

很多人在初看“张铁林坐床”这条新闻时，可能关注的都是他演员的身份，甚至把这件事当作一个娱乐事件。但白岩松却通过这个表象对新闻事件进行不断深挖，一环扣一环地认真分析，质疑有理有据，一语中的，直击要害，使事情一步步深入，由表及里，带着电视机前的观众跟他一起去思考、去反思，起到了敲响警钟的现实作用。

(四)扩充内容

在上面三步的基础上我们还可以对材料进行适当的扩展，用合适的例子、准确的数据等深化主题内容，使得整个模拟主持更加完整、生动。需要注意的是，扩充的内容一定要紧扣主题，用得好就锦上添花，用不好则会显得啰唆多余。

第二节　材料评述类模拟主持范例详解

一、新闻材料类节目主持

范例 1-1

请根据下面的材料主持一档新闻节目。

中央机关及其直属机构公务员考试录用公共科目笔试 27 日在全国进行。据介绍,这次考试全国共设有 31 个考区、869 个考点,已报名确认参加考试的考生有 96 万人左右,录用率约为 53∶1。其中,最显眼的还是哈尔滨市首次面向社会公开招聘事业单位编制环卫系统员工。457 个招聘岗位引来 11 539 个报名者,在最终报名缴费成功的 7186 人中,29 位硕士研究生学历的报名者引人注目。

“就算死,我也要死在编制里”,这是一名叫王洋的研究生在报考环卫工人失败后,极度不甘而又坚定的表达。他目前在一家传媒机构工作,最近在哈尔滨市面向全国招聘事业编制环卫工人的考试中被淘汰了。

模拟主持:观众朋友们大家好,欢迎收看今天的《聚焦》。近日,哈尔滨市环卫系统公开招聘已经结束,事业编制的待遇吸引了大量高学历人才——在报考 457 个工勤技能岗位的考生中,竟有 29 人拥有硕士研究生学历。更让人讶异的是,竟有落败的硕士研究生称:“就算死,我也要死在编制里。”

继国考的恢宏场面后,这句“死也要死在编制里”的“铿锵誓言”,再一次让我们领略到了编制的魔力——不论专业是否对口,发展空间是否广阔,只要有编制就行。高学历人才对“体制内生存”如此向往,是一个令人忧心的信号。

编制为何对年轻人有如此大的吸引力?原因无非是“体制内生存”更稳定、福利更有保障。当体制外的竞争日趋激烈,当年轻人的创业之路越走越窄,他们向现实妥协,想方设法进入体制内,也并不让人感到意外。

追求安稳和幸福,也是一种追求。为何硕士研究生等高学历者连环卫工人的饭碗都要抢呢？这是因为他们清晰地看到，这个看似不咋样的岗位，实际上拥有巨大的潜力——“从科员开始做起，然后副科，到了一定的级别后，就可以自然转为公务员”。显然，这些年轻人很清楚自己在追求什么，报考环卫部门只是他们试图用“曲径通幽”的方式改变自己的命运。

单就择业而言，年轻人选择更稳定且更有上升空间的单位，是符合情理的。但不得不说的是，这些年轻人作出选择时的动机并不“单纯”，对编制存在很多误解。

无论是行政编还是事业编，最大的价值体现在履行公共服务职能上。但这些“死也要死在编制里”的年轻人显然误解了编制的价值和意义。编制对于他们而言，意味着“退可安定平稳，进可升官发财”。他们向往编制，是因为体制内能让他们在这个竞争激烈、风险很高的时代，找到一个最佳的庇护所。

年轻人如果不是为了公共理想，而仅仅是为了个人利益，将体制内作为人生庇护所，那么从一定程度上讲，就意味着这些年轻人已经放弃了自己，意味着他们把理想和青春埋葬在了人生的起点上。我们不禁要反问这种愿意“死在编制里”的年轻人，还能承担实现“中国梦”的责任吗？

好的，感谢您收看今天的节目，我们下期再见。

（改编自《新华每日电讯》时言平《“死也要死在编制里”引人深思》）

主持提示：开头以现象直入主题，以令人惊讶的话语吸引受众，进而点题“编制意味着稳定”，再剖析原因。本例最可取之处是将这一话题上升到“就业选择”，进而对这种选择进行辩证分析。最后用疑问句结束，在质疑的语气中表现出对这种现象的担忧，不失为一个有张力的结尾。

范例 1-2

请根据下面的材料主持一档新闻节目。

我国多地近期出现雨雪天气，蔬菜、猪肉、鸡蛋等食品的价格开始呈现上涨趋势。而随着春节临近，物价上行压力可能进一步加大。有专家预计，我国物价进入新一轮上涨周期。多家机构也预计居民消费价格指数将延续回升势头，即将公布的12月份CPI可能反弹至2.5％。

元旦过后，蔬菜、猪肉、化妆品等涨价的消息便不断见诸报端。12月农产品价格和猪肉价格都出现明显回升,极寒天气推动蔬菜、猪肉、水果等食品价格上涨。全国各地猪肉价格普遍回升,监测数据显示,目前猪肉价格已回升至2012年3月底的水平。根据商务部的最新数据,12月24日至30日,18种蔬菜平均批发价格比前一周上涨2.9%,猪肉批发价格上涨0.9%,其中上海地区猪肉价格上涨4.9%。此外,全国鸡蛋零售价格也较之前上涨。而国家统计局的数据也显示,2012年12月21日至30日,全国50个城市主要食品价格普遍上涨,涨价食品范围持续扩大。

模拟主持:观众朋友们大家好,欢迎收看今天的《百姓关注》。

眼看快过年了,超市里挤满了买年货的市民,"年涨"现象也随之而来。有媒体报道,近期我国多地出现雨雪天气,蔬菜、猪肉、鸡蛋等食品价格出现上涨趋势。而随着春节临近,物价上行压力可能进一步加大。有专家预计,物价进入新一轮上涨周期,同时多家机构也预计我国居民消费价格指数将延续回升势头。

市场经济条件下,产品价格涨跌起伏本来是正常现象。在天气原因、翘尾因素、节日临近等诸多因素影响之下,此轮食品价格上涨有其内在逻辑。但当这种变化影响到居民的生活水平时,问题就不是单纯的市场波动那么简单了。食品价格影响着千家万户,也直接决定了一个时期内群众幸福感的高低。柴米油盐寻常事,关系民生无小事。

事实上,物价是民生问题的晴雨表,是老百姓最关心、最敏感的"生活指标"。要防止涨幅过快的食品价格影响居民生活质量的提高,就应该让CPI"跑"得慢一些,让居民收入增长跟上它的脚步,从而使人们的生活水平有切实的提高。

在这一过程中,政府应该承担起相应的责任。作为宏观调控、市场监管的主体,政府部门应该切实履行职责,保障供给、平抑物价、加强监管、做好调控。在政府职权之内,谋民生之福,从群众需求出发,办利民之事。

具体说来,政府要完善物价形成机制,减少流通环节的层层加价,健全价格决策听证制度,增强定价的透明度和群众参与度。关注困难群体的诉求,建立最低工资标准与物价涨幅的联动增长机制。同时还要警惕行业或经营者之间串通定价或合谋涨价的行为，必要时给予查处。

食品价格涨跌关系万千群众的生活，一升一降之间尽显政府责任。不能让日渐沉重的“菜篮子”“面袋子”压瘪群众的钱包，防止食品价格“涨声”伤害民生，行动就在此时。

今天的《百姓关注》就到这里，感谢您的收看，再见！

（改编自新华网翟永冠《警惕食品价格“涨声”又起》）

主持提示：对于数据较多的材料来说，主持人最重要的不是对数字进行大量的复述，而是对材料所给的数据进行对比分析，总结出大体趋势，然后得到相应结论，用生活化的语言进行表达。同时多用一些拟人化的表达，让叙述对象更加生动形象，如“让 CPI‘跑’得慢一些，让居民收入增长跟上它的脚步”以及“不能让日渐沉重的‘菜篮子’‘面袋子’压瘪群众的钱包”就是很好的例子。考生要注意，艺考不会脱离高考知识，学会结合高中政治课的经济常识进行解读，会给考官们留下学以致用的好印象。而在表达“怎么做”的环节，考生可以对不同主体（政府、企业等）的做法进行归类记忆，注意日常的积累。

范例 1-3

请根据下面的材料主持一档新闻节目。

2013 年 12 月底，山东出入境检验检疫局宣布，沃尔玛出售的驴肉产品中含有狐狸肉成分。

接近沃尔玛“假驴肉门”事件供应商济南哲昱经贸公司的人士向记者透露：“生产商刚开始与沃尔玛合作时并不敢以狐狸肉代替驴肉，但在合作过程中，生产商发现沃尔玛监管并没有特别严格，后期很多环节形同虚设，因此生产商为降低成本，在驴肉中掺了部分淀粉狐狸肉。”

1 月 7 日，沃尔玛方面发表声明致歉，表示“生产商涉嫌故意造假，欺骗了沃尔玛”，目前已在济南市全面召回所售商品，并安排了赔偿和召回方案。

模拟主持：观众朋友们大家好，欢迎走进今天的《道德观察》。都说食品安全问题是关乎百姓生活的大问题，然而近年来，我国食品“质量门”事件却层出不穷，就连全球 500 强企业、全球最大的连锁超市——沃尔玛，也是频现丑闻。

早在去年5月,沃尔玛在南宁的一家超市就被爆出用过期鸡蛋制作面包;同年8月,沃尔玛负责人又因在食品加热过程中违规使用塑料一事被北京市海淀区工商分局约谈。如今,“假驴肉门”事件正在持续发酵。

“天上龙肉,地下驴肉。”驴肉一直以来被人们誉为美味保健的传统食品。然而近年来,由于养殖量大大减少,驴肉供应量下降,不能满足火爆的市场需求,部分餐馆和不法商家为了牟取暴利,收购问题驴肉。而沃尔玛的生产商为了降低成本,在驴肉中掺了淀粉狐狸肉。高暴利,让这条产业链上的生产商、供应商甚至零售企业均牵涉其中。

部分企业对驴肉甚至有固定的“加工”模式:从外地低价收购活驴,直接自己屠宰,然后进行所谓“高温杀菌”,即用大锅进行熬煮;为降低成本,在其中掺杂马肉、狐狸肉,最后统一真空包装。这些产品不仅未经过检验检疫,甚至在处理过程中,加入合成色素或亚硝酸盐——亚硝酸盐可与食物或胃中的物质产生强致癌反应,对人体健康构成极大威胁。

常言道:民以食为天。但是多年来,我们的食品质量却一直得不到保障,食品安全问题始终困扰着百姓,人们在浑然不觉中伤害着自己的健康。食品安全问题,既是民生问题,也是社会热点问题。食品安全监管体系制度决定着食品安全监管的基本效果。因此,完善食品安全监管体系制度建设,不仅是重要的、基础的、长期的,同时也是当务之急。

感谢您收看本期的《道德观察》,我们下期再会!

(改编自松滋生活网尤雪玲《食品安全丑闻频现 沃尔玛“假驴肉门”事件》)

主持提示:拿到这样的材料,考生需要敏锐捕捉整个事件发生的逻辑和漏洞,对其中具体的涉案公司和数字进行仔细斟酌和选择。抓住这些现象的共性问题,如本例中是食品安全,体现出对此类事件的揭发欲望和深层原因的追问态度。

范例 1-4

请根据下面的材料主持一档新闻节目。

“我们不鼓励农村的孩子去上大学,因为一旦农村的孩子读了大学,就回不到自己的家乡,回不到自己的家乡就是一个悲剧。”昨日,在全国政协委员无党派联组的分组讨论上，全国政协委员、北京中华民族博物馆馆长王平语出惊人。她表示，自己常年深入农村地区，发现城镇化让每个地方都千篇一律，所以不鼓励农村孩子上大学。她解释，自己说这段话的意思是不鼓励包括城里人在内的所有人一定要去读大学，也不希望农村人都认为进城才叫幸福。

在王平看来，十三亿人口的中国是个农业国家，“我们的地理环境，包括我们五千年的文化，决定了我们就是一个农业国家。既然是一个农业国家，就要保护我们中国的文化”。她认为，中国的文化也要在农村广大老百姓身上体现，他们纯朴的生活就是中华民族文化传承的载体，“他们可以把我们的文化传承下去”。

模拟主持：新闻无边界，有报天天读，观众朋友们大家好，欢迎您收看这一期的《有报天天读》。我们今天的节目要从一个人的一句话开始——“我们不鼓励农村的孩子去上大学”。说这话的人是全国政协委员、北京中华民族博物馆馆长王平。她表示，自己常年深入农村地区，发现城镇化让每个地方都千篇一律。

在一些人看来，王委员的这一建议并不是毫无道理的。从目前大部分农民的经济状况来看，一年几千元的收入还不够一个大学生半年的学费。供一个大学生读书，四年的花费大概要五六万，甚至七八万。如果靠借债来供养一个大学生显然是不理智的。如果他大学四年毕业后能够马上就业，按年薪三四万来算，至少要两三年才能够收回大学教育投资。但是紧接着的生活又会有更多的投资需要。何况现在社会就业压力大、城市生存成本高，来自农村的大学生生活会很艰辛，有的甚至因学返贫。因此大学里出现了很多农村孩子中途退学的现象。

在现实生活中，确实存在着这样一些现象。有的农村孩子虽然考上了大学，但是因为学费昂贵而读不起。尽管如此，他们并没有放弃对生活的追求，反而通过其他途径创造了更大的价值。所以说，通往幸福的道路千万条，学技术、做生意、搞养殖、跑运输……只要你头脑灵活，踏实勤快，无论在农村还是城市，都能实现人生价值。

但是，王委员的话显然有失偏颇，任何一个公民都有受教育的权利，无论是农村孩子还是城里孩子,我们都应该鼓励他们上大学。让孩子接受良好的教育是国家的义务和责任,只有接受了良好的教育,整体国民素质才会有很大的提高,可以说,教育是国家的立国之本。虽然我们的社会中存在着教育资源不平等的现象,但这并不能成为不鼓励农村孩子上大学的理由。只有发现问题,面对问题,才能更好地解决问题,努力改变教育资源不平等的现状才是当务之急。

好的,观众朋友,这一期的《有报天天读》到这里就结束了,感谢您的收看,我们下期再见。

主持提示:寻找话语漏洞并进行反驳是主持人的一项基本技能。尽管在艺考中,采用辩证分析法可以有效地规避风险,但是如果能从某一角度对问题进行有针对性的反驳也可以达到让人眼前一亮的效果。注意运用这种方法时不可偏激,如本篇开头先对王平的话进行客观复述,然后引用他人对观点认同的部分。接下来话锋一转,语言回归到主持人的角度,从该言论不利于提高农村教育水平这个角度进行有力的回击。这样的表达重点突出、态度鲜明。

范例 1-5

请根据下面的材料主持一档新闻节目。

近年来,南京饿死女童案、贵州毕节女童遭父虐待案、广州母亲长期虐待亲生女儿致死案等多起涉及未成年人的案件"扎堆"出现,直指监护人失职问题,也暴露出有关部门对这一问题的监管缺位。

20 日,在中央综治办、共青团中央、中国法学会共同举办的未成年人健康成长法治保障研讨会上,记者获悉,民政部、最高人民法院、公安部等部门年内将推出未成年人监护行政监督与司法裁判的对接机制。据了解,这一机制的核心是通过法律程序剥夺严重侵害未成年人权益的监护人的监护资格。

有关部门负责人和专家认为,这一机制的建立是法制对失职监护人的"亮剑",对保护未成年人的权益、推动社会的文明与进步具有重要意义。

模拟主持:观众朋友们大家好,欢迎收看今天的《新闻对对碰》。最近我们的记者从相关部门了解到,民政部、最高人民法院、公安部等部门正在着手研究建立完善未成年人监护干预制度,制定未成年人家庭监护干预政策,相关指导性意见拟于今年年内出台。

南京饿死女童案、贵州毕节女童遭父虐待案等事件频发，暴露出我国在未成年人的监护监督方面存在较大缺失。此类极端事件的背后，是未成年人权益不被尊重的普遍事实。

时至今日，仍有不少暴戾的家长将孩子当作“私人物品”，认为怎样打自己的孩子都是天经地义的。一句“清官难断家务事”，让那些生活在暴力阴影下的孩子得不到及时有效的帮助。其实，未成年人保护法早就明确规定，家庭、学校、社会和司法部门共同承担对未成年人的保护责任，所以虐童绝不只是“家务事”。现在的问题是，政府、社会、司法部门怎样去解救被虐待的儿童。

虽然我国现行法律已经明确规定，残害儿童的不称职父母可被剥夺监护权，但在现实生活中，极少有这样的执法操作。接到父母虐待儿童的报警，警察一般都只是说服教育，孩子随后可能遭遇变本加厉的虐待，直至出现无可挽回的惨剧。所以，法律必须明确底线规则，即为人父母者突破了怎样的底线，就应该被剥夺监护权。另外，在剥夺失职父母的监护权之后，监护权该如何转移，转移给谁？是暂时转移还是永久转移？这些问题亟待解决。

如果撤销了父母的监护人资格，政府肯定要承担起监护责任，这个孩子就要由政府来抚养。问题是政府该怎么养，是把孩子送进儿童福利院，还是让其亲属或其他家庭收养，这需要有明确的规定。否则，剥夺失职父母的监护权就有可能被权力滥用。

还记得“河北乡政府抱走超生女婴18年，家人寻娃多次挨打”的新闻吗？如果地方政府可以随意剥夺父母的监护权，那么权力就有沦为“恶权”的潜质。剥夺孩子父母的监护权不是目的，只是手段，为孩子营造一个健康温馨的成长环境才是最终目标。只有保证制度得到完善，且具备可执行力，对孩子们来说，才是真正的保护。

这一期的《新闻对对碰》到这里就结束了，感谢您的收看，我们下期再见。

（改编自《洛阳晚报》舒圣祥《剥夺失职父母监护权，要防权力滥用》）

主持提示：思维是主持人的重要武器。有的题目给出的发挥余地很小，这时，思维的力量就显得更加突出。跳出思维局限的方法之一就是本篇用到的：

逆向思维,以小见大,从个案引发全局思考,从现象分析社会问题。顺应需求出台的措施能否真正贯彻落实?失职父母被剥夺监护权后,未成年人的生活怎样才能得到保障?逆向思维使得原有题目的适用范围有所扩大,不落窠臼。这种方法可以有效避免“无话可说”的情况。应试中抽到该类题目,不要慌张,逆向思维是关键。

范例 1-6

请根据下面的材料主持一档新闻节目。

新学期伊始,邵阳武冈市实验学校的初中生小明(化名)刚交完学费没几天,就被班主任叫到办公室,说要另外缴纳 1000 元的“押金”,因为他“上学期表现不好,犯了错”。初中部共有 50 多个班,本学期缴纳“犯错押金”的有十几个学生。校方表示,收取 1000 元“犯错押金”是要和家长沟通,并开具收条的,是押金而不是罚金。当学生“变好”,或者转学、毕业离校的时候,便可以退回。该学校的这一做法经媒体曝光后,引起了轩然大波。

模拟主持:又到周末了,欢迎大家走进今天的《新闻焦点》。教育孩子,每个学校都有自己的一套办法,但缴纳“犯错押金”的做法您可能还是第一次听说。对平时“调皮、打架、不听话”的学生,学校要求必须先交纳 1000 元的“犯错押金”。当学生“变好”,或者转学、毕业离校的时候,便可以退回。湖南邵阳武冈市某中学的这一做法经媒体曝光后,引起了轩然大波。

校方解释这一行为时表示,收取“犯错押金”是要和家长沟通,并开具收条的,是押金而不是罚金,“学校这样做是从教育的角度出发,希望对学生形成一定的约束力”。

现代教育中,学校对一些违反校规校纪的学生,大都采取循循善诱、苦口婆心等教育方法,以达到教育的感化功效。如果这些学生仍然屡教不改,学校再给予他们批评等惩罚也未尝不可。但希望通过收取“犯错押金”达到教育学生的目的,未免过于简单。

对“问题学生”收取“犯错押金”,折射出“管理就是收费”的惰性思维。时下,一些用人单位为了约束员工,上班迟到要罚款,用户投诉要罚款,仿佛员工素质、市民素养只要与金钱挂钩，一“罚”就灵。如果说社会管理中，适当的罚款可以作为管理的辅助手段，那么在学校管理中，对学生收取押金，则透射出学校对金钱万能的膜拜。须知，学校本身就是教书育人的地方，学生素质不应该遭受押金的“绑架”。

“以罚代教”也有违教育宗旨。古人云：“师者，所以传道授业解惑也。”中学时期，学生正处于生长发育的关键阶段，逆反心理较重，加之受外界影响较大，难免在学校出现不听话的现象。对待这些孩子，古人尚能在“传道授业”的同时，替他们“解惑”，现代教育者又有什么理由不耐着性子，扑下身子，与孩子真诚沟通，进行教育引导呢？

“犯错押金”横空出世，折射出当地教育的问题。校方应该在面对现实的同时，创新教育制度，探索教育手段，借助家庭和社会的力量，多视角、多途径，对孩子进行全方位、立体式的温情教育。否则，生硬的押金不仅达不到教育孩子的效果，反而会使孩子产生更严重的逆反心理，使“问题学生”问题不断。

今天的《新闻焦点》就到这里，感谢您的收看，我们下期再见。

（改编自新华网评论《“犯错押金”管学生，简单粗暴！》）

主持提示：艺考中，练就“火眼金睛”很重要。所谓火眼金睛，就是要能够抓住问题的本质核心。“犯错押金”重点在“金”字，通俗地讲，就是“钱”能不能为教育保驾护航的问题。因此，考生要多练习一些有共性的题目，并对本质相同的话题进行分类汇总，如：道德问题、教育问题、养老问题等。形成条件反射式的等价思维后，便能更容易抓住问题的本质，达到一语中的的效果。

范例 1-7

请根据下面的材料主持一档新闻节目。

2015 年 10 月 27 日，扬州市举办的“最大份炒饭”挑战活动浪费食物的现象被媒体曝光后，引来舆论一片批评。4 吨重的扬州炒饭中，有 150 公斤炒饭被不当处理。吉尼斯世界纪录官方表示，23 日在江苏省扬州市举行的“最大份炒饭”挑战活动由于存在食物浪费现象，挑战纪录无效。吉尼斯世界纪录大中华区市场总监杨丽娜表示，吉尼斯世界纪录对大型食品类的纪录有严格规定，要求用于挑战的食品最终均供民众食用，不得有任何浪费。

“粮食浪费,是对我国未来粮食安全的一大挑战。”国务院发展研究中心研究员程国强指出,未来我国要进一步完善政策法规设计,建立减少浪费和损失的粮食管理体系、定价体系、惩罚体系,让全社会把粮食作为一种“紧缺的资源”来珍惜。

模拟主持:观众朋友们大家好,欢迎收看《社会聚焦》。

近日,扬州市举办的“最大份炒饭”挑战活动被吉尼斯世界纪录官方认证为无效,原因是挑战活动中存在食物浪费现象。

据央视报道,中国人每年在餐桌上浪费的粮食价值高达2000亿元,被倒掉的食物相当于2亿多人一年的口粮,数字大得吓人。如果说“舌尖上的中国”展现了中华饮食的博大精深,那么“舌尖上的浪费”则暴露了一种丑陋的饮食观。老祖宗说得好:“一粥一饭,当思来之不易;半丝半缕,恒念物力维艰。”我们虽然逐渐富起来了,但没有理由浪费,更何况不少人对饥饿有过刻骨铭心的痛苦记忆,更应该敬畏粮食,杜绝浪费。

“舌尖上的浪费”一般发生在哪些群体身上呢?调查显示,这其中既有公职人员,也有普通民众,还包括一些大学生。根据一项调查,每年大学生倒掉的食物可供约1000万人食用一年。不同的群体浪费食物的原因不尽相同,一些公职人员认为公款吃喝反正不用自己掏腰包,浪费起来不心疼;一些普通百姓则认为,菜点得多、酒上得足才有面子;而不少大学生花着父母的血汗钱,糟蹋粮食不以为意,因为他们不事稼穑不知辛苦。

遏制“舌尖上的浪费”需要动真格。浪费食物绝不是小事,也不是个人私事。常听到有人振振有词:“我花自己的钱浪费关你什么事?”这种观点经不起推敲,虽然你花的是自己的钱,但浪费的是社会资源。对这种浪费食物的现象,人们不能止于道德批评,还应该引入惩罚机制。

要遏制“舌尖上的浪费”,还需要拿公权开刀。公款吃喝中的食物浪费不仅糟蹋了公共财政,还产生了恶劣的负面影响。“己不正,焉能正人?”如果连公职人员都没有底线地糟蹋食物,又如何要求民众勤俭节约?如果公职人员浪费公帑,又如何取信于民?但我们为何管不住公款大吃大喝呢?说到底,还是制度不够严厉。几年前,芬兰央行行长在一次公务接待中,因点了一盘20欧元的鹅肝而被迫辞职。如果都照此严惩，还有公职人员敢浪费吗？

为了减少“舌尖上的浪费”，有人建议“吃不了兜着走”。其实，与其吃不了才兜着，何不一开始就少点些菜？而对于一些公权浪费，“舌尖上的中国”已经演变成了“舌尖上的腐败”，那就真得让相关公职人员“吃不了兜着走”，依法依规处理了。

崇尚勤俭节约是我们中华民族的传统美德，“谁知盘中餐，粒粒皆辛苦”。时至今日，我们仍然不能忘了祖训，要杜绝餐桌上的铺张浪费，节约粮食，人人有责。今后，您在请客吃饭、联络感情的时候，请多留点心，尽量少让“舌尖上的浪费”发生在自己身上。

感谢您收看今天的《社会聚焦》，我们明天见！

（改编自人民网评论《遏制“舌尖上的浪费”不能止于道德批评》）

主持提示：本篇最大的亮点在于发散性思维，从一个地方政府举办的“最大份炒饭”的活动引出与我们生活息息相关的粮食浪费问题，并列举了一系列触目惊心的数据，以此引起大众关注。不仅如此，本例还抽丝剥茧，剖析问题根本，直入人心。结尾再次呼吁每个人都从自身做起，发扬节约粮食的美德。

范例 1-8

请根据下面的材料主持一档新闻节目。

苹果，静宁的一张名片，也是当地群众脱贫致富的主要产业。当地果农早已把苹果树当成了自己的“命根子”，这里生产的苹果有一个好听的名字——“静宁红”。但从 2015 年 4 月 28 日以来，在该县深沟、李店、雷大、双岘、治平等乡镇，部分果农的苹果树却出现了枯枝烂根的现象，而且这种趋势还在不断扩散蔓延。面对突如其来的“灾难”，许多果农慌了手脚。冷静之后，人们才发现：枯枝烂根的果树都施用过一种叫“磷酸三铵”的肥料。

这次被反映有问题的“磷酸三铵”是供货商王某从网上查到的，因此前有村民打听过此类肥料，于是他从网上联系到厂家业务员后打款订了货，但是并不清楚产品的真伪。随着有关部门对“磷酸三铵”的严厉打击，某些厂家为了躲避检查，不再直接叫“磷酸三铵”，而是改作“磷酸三安”。其实“磷酸三铵”肥料是不存在的。因为从磷铵的生产过程和产品性能来看，只有磷酸一铵和磷酸二铵两种产品性能比较稳定,适合作肥料。而磷酸三铵是一个很不稳定的化合物,在常温常压下就会分解,释放出氨。因此,世界上没有一个国家能生产"磷酸三铵"肥料,国内外也没有"磷酸三铵"的肥料标准。

曾经盛极一时的"静宁红"就这样被毁了,2014 年"静宁红"的超市价格为 17—20 元/斤,今年果树大面积死亡,让果农遭受了重大经济损失。假劣农资产品如此可恨,希望有关部门严惩之,也希望大家引以为戒,不要偏听偏信而酿成大祸。

模拟主持:观众朋友大家好,欢迎收看今天的《深度观察》。

对于果农来说,果树就是他们的生命。在甘肃静宁,苹果更是已经成为当地群众脱贫致富的主要产业。然而,因为"磷酸三铵"的出现,让当地果农经历了一场突如其来的灾难。

"磷酸三铵",子虚乌有。三年前,中国磷肥工业协会已经向社会公告:世界上没有一个国家生产所谓"磷酸三铵"肥料,国内外也均无这一肥料的产品标准。肥料专家也公开揭穿"磷酸三铵"谎言:"磷酸三铵"是一个很不稳定的化合物,在常温常压下就会分解,释放出氨,所以"磷酸三铵"并不可能成为肥料。

一种根本不存在的肥料,却从许多不法企业堂而皇之地流向市场。经销商大力向农民宣传"磷酸三铵"比磷酸二铵养分高等诸多"优点",于是,"磷酸三铵"比磷酸二铵卖出更高的价格。其实农民们高价买走的只是普通的复合肥甚至是假劣化肥。不法生产企业和经销商是这场骗局的获益者,如果果树没有明显减产,农民们还将一直被蒙在鼓里。

"磷酸三铵"是好事者在中国化肥行业撒下的一个弥天大谎。近年来,这个谎言不但没有得到扼制,似乎还有蔓延之势,受欺骗的对象永远是农民。企业良心丧失,执法部门监管不力,农民缺乏科学指导,诸多原因造成了这个谎言在中国大地上肆意横行。如何让这种假劣肥料退出市场,保护农民朋友的切身利益呢?这需要全社会各方面的共同努力,最关键的是加大执法力度,让那些明知故犯的企业付出沉重的代价,政府、媒体也要加大对农民的科普宣传,提高农民的辨别能力,增强农民的科学意识。让每一个人都行动起来,消灭"磷酸三铵",让谎言成为历史,让丰收见证明天。

好的，感谢您收看今天的《深度观察》，我们下期再会！

主持提示：通过无良企业生产假劣肥料，导致静宁农民脱贫致富的重要产业大面积减产一事，主持人引出信任危机这一话题，挖掘出深层原因，升华了主题。俗话说，他山之石可以攻玉，以事件为镜子进行反思是一个不错的主持思路。类似题材在考试中时常出现，考生平时要对此类题材进行归类，注意积累和训练，学会举一反三，这样在考试时才能游刃有余。

范例 1-9

请根据下面的材料主持一档新闻节目。

近年来出现的相当一部分职业打假人，利用商品保质期、广告语描述等方面的漏洞，故意大量买入，要求商家支付赔偿，甚至成为职业索赔人。与电商平台的打假治理不同，这些职业打假人通常寄生于各大电商平台，以打假之名行敲诈勒索之实，严重扰乱市场秩序。

随着网络购物的兴起，职业打假人的"战场"也由线下实体店扩展到了网店。在职业打假人看来，打假也是一门技术活，要熟知广告法与电商法，而且有一套完整的流程。据了解，食品、服装、鞋子等行业有着不同的打假方式，等级高的店铺打假人就不敢轻易去找麻烦，一些职业打假人以牟利为目的，对于打击假冒伪劣和维护公共利益的作用十分有限。而且，职业索赔行为占用了大量行政和司法资源，给正常的市场监管工作带来了负面影响。

模拟主持：观众朋友大家好，欢迎收看今天的《法制在线》，本期要跟您探讨的关键词是职业打假。

职业打假，并非新鲜事物。20 世纪 90 年代，王海知假买假获得加倍赔偿，就曾引发社会热议。近年来，随着电子商务迅猛发展，职业打假的主阵地也悄然转移，将矛头指向数量众多的网店，而且打假范围也有所拓展：既包括店铺出售假货、价格欺诈等明显过错，也包括商品标签不规范、使用禁用广告词等方面。

知假买假行为具有复杂性，因而职业打假一直都存在争议。不可否认，职业打假在一定程度上确实打击了假冒伪劣产品，净化了市场环境。随着互联网电商平台的兴起,网购投诉也与日俱增。统计显示,2018年全国市场监管部门共受理网络购物投诉168.2万件,同比增长126.2%,投诉问题主要为虚假广告、假冒伪劣、质量不合格等。职业打假人熟知消费者权益保护法、广告法、电商法等法规,维权效率高,客观上有益于市场的规范化发展。

不过,职业打假的负面效应近年来也逐步显现出来。职业打假的主观出发点是牟利,这就注定了打假方式存在局限性。有的人在打假对象的选择上,只找有利可图的"买卖",通常拣软柿子捏,故意找新手店铺漏洞,发现问题要求私了。有的打假人缺乏自律,从知假买假演变为做假造假,甚至进行敲诈勒索。比如,用药水将商品生产日期抹去、用针扎孔将头发塞到面包里,等等。凡此种种,不仅消解了打假的正面效果,更扰乱了正常的市场秩序。

网络职业打假,其产生源于市场交易过程中商家的不当行为,也将随着相关法律制度的完善和市场监管的规范而逐渐消失。维护消费者权益,完善制度是根本路径。如今,针对职业打假滥用某些条款索赔的现象,纠偏机制也在逐步形成。对网络职业打假人来说,其获利空间必将受到进一步限制,其获利难度也将相应增加。从近年来的案例来看,职业打假人的身份是否受消费者权益保护法的保护、是否可以获得惩罚性赔偿,法院可根据具体情况作出认定。事实上,已经有一些职业打假人因涉嫌敲诈勒索被商家举报,最终"剧情反转",得不偿失。

市场经济是法治经济。对职业打假人来说,打假维权也须依法进行,不可抱着侥幸和投机心理。一旦越过边界,任何违法行为都将受到法律惩处。

以上就是今天《法制在线》的全部内容,我们下期再会。

(改编自《法制日报》赵丽、董锦蒙《网络职业打假灰产链调查》)

主持提示:作为一名主持人,在日常生活中一定要注重知识积累,对国家的一些法律法规、政策导向有相应的了解,树立正确的法制观念。主持时,比起干巴巴地描述存在的问题,不如将这种"职业打假"现象背后隐藏的原因及触犯的法律剖析出来,再对这种问题的解决机制进行描述。有序的逻辑、精准的语言会使整个主持的内容更加丰富,更有说服力。

范例 1-10

请根据下面的材料主持一档新闻节目。

3 月 26 日 15 时，为解决受疫情影响农畜产品的滞销问题，“中国薯都”——乌兰察布市联合网络直播平台，举办了一场“专场销售”。乌兰察布市副市长王心宇变身“主播”，为乌兰察布市农畜产品直播“带货”。

该市商都县红皮马铃薯、察右中旗燕麦和胡萝卜、四子王旗瓜子成为此次直播的“网红”产品。截至 27 日 18 时，直播共销售土豆 3.4 万件、23.6 万斤，销售额达 90 万元。

据悉，乌兰察布市自去年起全面启动消费扶贫工作，在北京市对口帮扶下，乌兰察布市开设了农畜产品专卖店及电商平台，全方位推广、展示、销售乌兰察布市农畜产品。2019 年，该市消费扶贫额累计达 5.17 亿元，带动全市 9427 名贫困人口增收。

模拟主持：观众朋友大家好，欢迎收看今天的《热点关注》。

今天要给大家介绍一位特殊的“网红主播”，他原本的身份是“中国薯都”——乌兰察布市的副市长，却变身为“网红”卖土豆，这到底是怎么一回事呢？其实啊，是为了解决受疫情影响农畜产品的滞销问题，在 3 月 26 日 15 时的乌兰察布市联合网络直播平台上，副市长王心宇变身“主播”，为乌兰察布市农畜产品直播“带货”。该市商都县红皮马铃薯、察右中旗燕麦和胡萝卜、四子王旗瓜子都成为此次直播的“网红”产品。截至 27 日 18 时，直播销售土豆 3.4 万件、23.6 万斤，销售额达 90 万元。

根据记者调查得知，乌兰察布市其实从去年开始就已经全面启动消费扶贫工作，在北京市的对口帮扶下，乌兰察布市开设了农畜产品专卖店及电商平台，全方位推广、展示、销售乌兰察布市农畜产品。2019 年，该市的消费扶贫额累计达到 5.17 亿元，带动了全市 9427 名贫困人口增收。

这种创新扶贫的方法你学到了吗？总结起来就是把平台变工具，把农民变主播，把线下变线上，让农民也享受到科技带来的生活变化。作为基层的扶贫工作者，在这一特殊时期，更要充分认识到脱贫攻坚的艰巨形势，以战略思维谋划全局，以创新精神探索扶贫模式、完善工作机制，共同打赢扶贫攻坚战。

好的,本期的《热点关注》到这里就结束了,我们明天同一时间,不见不散!

(改编自《北京日报》韩梅《副市长变身"主播"卖土豆,3 小时进账 90 万元》)

主持提示:考生要注意提取新闻中的关键词,对新闻材料进行整合,提取有效信息,把专业术语变成日常口语。这就需要具备良好的材料分析能力和提取能力,既不能过于专业化,也不能过于随意化。主持本题时,考生应抓住"电商扶贫"这个中心,注意逻辑顺序,由点及面,由表及里,整合材料之后要对此进行升华,深挖出"电商扶贫"的创新点,同时在表述时不要拖泥带水,要明晰地说出主要观点。

二、话题材料类节目主持

范例 1-11

请围绕"政务微博热"这一话题主持一档节目。

模拟主持:电视机前的观众朋友们,大家好,欢迎收看今天的《每日话题》。

最近不少网友在刷微博的时候发现,在一些人气微博上出现了许多"××政府官方微博"。咱可别奇怪,现在通过网络发布微博,也成了政府部门了解社情民意、回应社会关切问题的重要渠道。在新媒体日渐红火的今天,部分政府官员也逐渐意识到它们的影响力,开始"放下身段",拉近政务机关与老百姓的距离。然而,面对鱼龙混杂、真相与谎言交织的微博江湖,一些政务微博还显得有点不太适应,甚至"力不从心"。

传播快、自主性强是微博的主要特点,也是微博信息传播的内在规律。政务微博如果不能适应这个特点和规律,遇到热点事件和网民关切的问题,该说的时候不张嘴,错过回应的"窗口期",便会出现"真理还在穿鞋,谣言已经走遍天下"的现象。而如果张嘴的时候又不会说,或说得不真切、不到位,网民自然也不满意。

强调政务微博的重要性,并不是说政务微博可以取代政府职能部门自由发声,而是要在政务微博和职能部门之间建立起一套高效、畅通的联动机制,包括调查讨论决策机制、线上线下统筹协调机制等。

具体来说，政务微博收集的社情民意，如何转交到归口职能部门；网民的诉求呼吁谁来回应，怎么正确看待非理性声音；微博反映的民生问题如何解决，短期内不能解决的，又怎样给出“时间表”“路线图”，以赢得理解、达成共识，等等。对于这些问题都需要逐一厘清、理顺，切实做到主体明确、权责分明，使政务微博与职能部门之间信息通达、渠道畅通。

随着互联网应用的加速普及，当前以微博为代表的新媒体已发展成一个巨大的舆论场。面对纷繁复杂的微博舆论生态，政府唯有尽快建立科学的运行机制，打通政务微博与职能部门间的“任督二脉”，使各方面经脉相连、气血通畅，不让政务微博“孤帆前行”，政务微博才能走得稳、走得好、走得远，才能真正成为推动政府进行社会管理、激发社会正能量的有效工具和手段。

好的，感谢您收看今天的《每日话题》，我们明天再见。

（改编自新华网评论《政务微博还需打通“任督二脉”》）

主持提示：分析题目可知，本题既和时下热门的新媒体有关，又和社会时政挂钩，二者缺一不可。所以这类题目难度较大，而大多数考生往往容易凭借惯性思维进行表述，仅仅关注一个方面，围着“微博”打转转，却忽视了“政务”二字，所以提醒大家：拿到考题切记不要慌张，有时需要逐词，甚至逐字地阅读题目，审慎思考每一个字或词语背后的意义，再作出回答。考生对“微博”比较了解，但“政务”却是软肋，因此可以在二者之间找到一条主线，另外一条作为副线。比如本例由“微博”主线入手，再接入“政务”副线。注意这条副线的专业性较强，术语较多，需要积累和记忆，可与高中所学的政治知识相挂钩。

范例 1-12

请围绕“火车站票该不该半价”这一话题主持一档节目。

模拟主持：电视机前的观众朋友们，大家好，欢迎收看今天的《每日话题》。

近日，有网友发布了一条“呼吁无座火车票应该半价”的微博，微博称，“中国铁路每年售出大量无座票，然而长期以来，无座车票依然按全价出售。无座旅客以农民工兄弟居多，他们因为知识等原因，抢不到属于自己的有座票。按照市场价值规律，他们没能享受与车票价钱匹配的服务，因此无座车票全价不合理。”

消息一出,引起了线上线下的广泛热议,有人提出不妨推行阶梯票价。还有人认为,火车站票按全价收费既不合理,也不符合市场公平原则。一方面,铁道部对卧铺车票采用阶梯票价的方式,上、中、下卧铺价格不同,因此座票与站票实行阶梯票价并不存在技术问题。可为何对火车有座、无座就不能实施阶梯票价,而都是同一价格呢?另一方面,按照市场公平原则,对等的价格换来的应该是对等的服务。火车站票与座票本身就是不对等的服务,怎么会是对等的价格呢?

我们经常说要逐步建立以权利公平、机会公平、规则公平为主要内容的社会公平保障体系,努力营造公平的社会环境。持有火车站票与座票的旅客没有享受到公平待遇,就应该用不同的价格来调节,价格一样,怎么有公平可言?

因此,一方面,铁道部应该根据市场经济规律和社会发展规律,不断满足旅客对火车站票、座票、卧铺票的不同需求,制定不同的价格机制,以符合市场平等对待原则;另一方面,按照公平原则,站票实行阶梯票价或者半价优惠,让那些没买到座票的旅客,从价格上感受到公平。毕竟,让旅客朋友们出行安全、顺心才是最重要的啊!

好的,感谢您收看今天的《每日话题》,我们明天见。

(改编自千龙网白峰《火车站票半价才符合市场平等对待原则》)

主持提示:整个节目语言的亮点在于自然亲切、真挚诚恳。面对这类考题,考生不要"满把抓"。很明显,在这段主持中,主持人的倾向是提倡火车站票实行半价的。这和我们写议论文有些相似,即抓住事物的某一方面进行分析,表明态度,只要理由充分即可。

范例 1-13

请围绕《捉妖记》的票房奇迹主持一档节目。

模拟主持:电视机前的观众朋友们,大家好,欢迎收看今天的《电影报道》。

2015 年暑期,国产电影似乎十分给力,《捉妖记》更是自上映起就一直领跑国产片票房,不断刷新各项纪录。说是观众的"报复性观影"也好,是电影的宣传营销做得好也罢,至少我们不能否认,这是一部质量过关的国产电影。

《捉妖记》是一部合家欢电影，片中笑点、泪点、萌点众多，导演用好莱坞的思维方式、现代化的表现手法，创造了一个属于当今时代的人与妖的魔幻故事。

既然导演将《捉妖记》打造成了一部符合好莱坞模式的商业电影，我们在评价的时候自然也要遵循商业片的标准。客观来说，《捉妖记》是一部合格的工业模式产品，适合拍续集。但也有一些网友对其并不买账，认为这不过是电影人应有的创作态度，值得肯定但不宜炫耀。

如果我们以宽容的心态来看《捉妖记》，毋庸置疑，这是一部不错的国产商业电影。故事完整、人物性格鲜明，CG 技术也是国际领先水平，喜剧桥段大多是港片常用的插科打诨式，常引得观众捧腹大笑。妖的形象突破了中国传统文化中的设定，不再是恐怖的鬼怪，而是样貌可爱、性格调皮的角色。尤其是小妖王胡巴，表情动作极为生动，比起妖来说，更像个淘气的孩子。时而迷糊，时而聪明的它获得了许多观众的喜爱。因此，《捉妖记》票房大卖也并非偶然，而是市场选择的结果。

好的，感谢您收看今天的《电影报道》，我们下期再见。

主持提示：这类题目与考生的生活比较贴近，因而可说的素材相对较多。虽然题目给了大家充分发挥的空间，但是也容易使考生“无处下嘴”，不知道切入点在哪。考生不妨用关键词串联的方式将思路串联起来。比如本例的关键词是快乐、喜剧、商业电影。按此思路将自己的观点和看法表达出来，既有条理性又有交流感，容易引起受众的兴趣。

范例 1-14

请围绕“全民健身”这一话题主持一档节目。

模拟主持：电视机前的观众朋友们，欢迎收看今天的《话题点击》。

一向沉寂的“全民健身”近年来成为热词，但其中也有一些声音在呼吁：全民健身不该是面子工程、样板工程，而应该通过活动带动更多的人参与健身，让老百姓真正强壮起来。这句话可不是没有依据的，最近，全国各地发生了多起大学生、高中生体质检测时猝死的事情，多么让人悲痛啊！

金牌数量可以衡量竞技体育是否成功,但是全民健身的考评方式和竞技体育就完全不是一回事了。衡量全民健身活动是不是成功,关键在于这项活动能不能带动更多的人参与到健身中来。这是一个既繁杂又漫长的工作,要求各体育部门有足够的耐心。眼下,一些体育主管部门举办全民健身活动往往沿用举办竞技体育的思路,或者更愿意承办一些轰轰烈烈的大型活动,而不是实实在在地研究如何让普通百姓参与到体育活动中来。

学生体质下降,群众健身意愿不高,这些和个人健身意识、生活习惯等有很大关系,但是公共体育设施的建设更重要。数据显示,我国人均体育场地面积仅为 1.04 平方米,与发达国家相差 4 倍多,即使是和巴西、印度等国家相比,也还是比较落后的。

北京奥运会结束之后,中国体育已经走到由体育大国向体育强国迈进的十字路口,但我想我们更迫切地希望奥运金牌能带动全民健身的蓬勃兴起,期待全民健身能与竞技体育齐头并进。这条路,国家、你和我都要一起走。

好的,感谢您收看今天的《话题点击》,明天见。

(改编自《新华日报》评论《全民健身不该是面子工程》)

主持提示:本文的说理性较强,使用了具体数字来表明全民健身应该是里子工程而不是面子工程。提醒大家,适当地运用一些具体数字能够使表达内容更有说服力,但这些数字应好记、好懂,避免使用过于繁杂的数据,方便受众理解。

范例 1-15

请围绕“美丽中国”这一话题主持一档节目。

模拟主持:观众朋友们大家好,欢迎收看今天的《热词关注》。

如果问十八大报告中哪一个新词语最能引起社会各界的共鸣、最受群众的欢迎,“美丽中国”无疑是首选。

其实,在我们的日常生活中,“美丽”和“中国”都是最普通不过的字眼。但是在庄严的人民大会堂、在斟字琢句的十八大报告中,通过习近平总书记之口说出这一词语,“美丽中国”就被赋予了新的内涵。

我们应该认识到，美丽中国不会从天而降，而是需要我们全社会行动起来，政府、企业、公众齐心协力、各尽所能，用扎实有效的行动为建设美丽中国添砖加瓦。

其实，说到建设美丽中国，政府可以说是主导，企业是主体，而公众则是主人。为什么这么说呢？接下来我们不妨解读一下。

政府的主导首先体现在倡导文明理念上，要在全社会培育起敬畏自然、顺应自然、保护自然的生态文明理念，引导工业化的深度发展、城镇化的快速推进在人与自然和谐相处的框架下进行；要向全社会讲明这样一个道理：如果缺失了生态文明，繁荣、富强、现代化就会大打折扣，甚至没有意义。

另外，不同的生产方式造就不同的生态环境，向符合生态文明要求的生产方式转型是建设美丽中国的前提。企业作为经济发展的主体，是生产方式的直接实践者，在改善和提升生产方式方面责无旁贷。

如果说生产方式的主体是企业，那么生活方式的主体就是社会公众了。随着现代社会的发展、人民生活水平的提高、消费结构的变化，生活方式对生态资源环境的影响越来越大。近年来，全国很多地方出现了比较严重的雾霾，虽然雾霾产生的原因很复杂，但不符合生态文明理念的生活方式肯定是重要的原因之一，所以说要真正让中国美丽起来，还得靠我们每一个人的努力。

尽管在中国还有很多不美丽的地方，但我想，只要我们一起行动起来，政府、企业、公众齐心协力，相互配合，美丽中国就一定不是梦。节目的最后用最近特别火的一段话与你我共勉："你所站立的地方正是你的中国，你怎么样，中国便怎么样。你是什么，中国便是什么。你有光明，中国便不黑暗。"

好了，感谢您收看本期的《热词关注》，我们下期再见。

（改编自中国共产党新闻网评论《十八大首提"美丽中国"寓意几多》、《半月谈》辛鸣《为"美丽中国"添砖加瓦》）

主持提示：这个题目的重点在于如何解读"美丽中国"这四个字，如果是顺向思维，可以从介绍中国的特色景观入手，回忆自己去过的名胜古迹或者见过的壮美自然。但如果关注时政的话，就能从习总书记提出的构建"美丽中国"来组织语言，整个模拟主持至少从立意上就能提升一个高度。从这个角度入手，主持重点就放在如何打造“美丽中国”上,可以从政府、企业、公众三个层面来阐述,因为“美丽中国”需要依靠全社会的力量来共同实现,若单从一个方面谈就会显得片面、单薄。这个范例告诉我们,不同的思维走向决定了不同的主持内容,因此,如何解题、如何选择角度,是模拟主持日常训练的重中之重。

范例 1-16

请围绕“大学生留学热”这一话题主持一档节目。

模拟主持:观众朋友们大家好,欢迎收看本期的《新闻观察》。今年的大学生就业情况不容乐观,大学生毕业将何去何从?越来越多的大学生选择了出国留学这条道路。

从某种意义上讲,出国留学是一种时代特征。在改革开放的形势下,学习国外先进的科学与文化,加强国际间的交流是时代的要求,也是我国社会主义现代化建设的需要。大学生出国留学深造,对于开阔视野、优化知识结构、增加知识储备、了解国际社会、回国后更好地服务于祖国的经济建设都是十分有益的,值得肯定。但在留学之前,大学生需要冷静地思考,问一问自己,为什么要留学?在什么时间、以什么方式留学?有没有条件留学?

新东方教育集团董事长俞敏洪曾撰文说,出国留学并不总是一件好事。计划出国留学的中国学生一般都在优越的家庭条件和熟悉的环境中无忧无虑地成长了十几年,出国留学意味着把学生突然放到一个陌生的环境中。面对巨大的文化差异、陌生的人际关系,他们的交流能力、应变能力、独立思考能力、动手能力等受到了极大挑战。这些能力的缺乏很容易导致他们在国外生活、学习不顺利,造成心理障碍和恐惧。

在没有家人、老师、朋友、同学关照的情况下,无法适应国外生活的留学生很可能一蹶不振,甚至在花完了父母给的生活费后,只能千方百计靠打工来维持各项开销,不仅影响学业的完成,还要承受精神上的压力。

总之,大学生要根据自己的实际情况,包括学习能力、生活能力、家庭经济条件等作出选择,要考虑好出国留学的目的,权衡利弊。如果你下定决心出国留学,还要注意通过正规的渠道办理各项手续,避免被一些不正规的中介机构欺骗，否则不仅浪费金钱，还有可能错过心仪大学的申请时间。

好了，感谢您收看本期的《新闻观察》，我们下期再见。

（改编自凤凰博报 dragonms0 的博客《如何看待大学生托福、GRE、考试热和出国留学热？》）

主持提示：教育、就业历来是艺考即兴口语表达的热点，无论是即兴评述还是模拟主持，都可能涉及这类题材。因此，在准备艺考的时候，考生需要把几大问题分门别类地进行汇总，以便考试时更加得心应手。具体来看本例，首先需要弄懂几个基本问题：为什么会出现出国热？出国热的表现有哪些？跟风出国留学容易出现什么问题？（培养透过现象看本质的思维能力）然后展开论述，注意在主持过程中不要忽视“叙事”的力量，可以通过列举身边人的事例引起受众的兴趣。

范例 1-17

请以“富豪移民爱不爱国”为话题，主持一档节目。

模拟主持：俏江南可以说是全国知名的餐饮品牌，它的创始人张兰女士的创业故事被很多人讲述，成为励志传奇。然而，近日俏江南创始人之一马义以合同纠纷起诉张兰，法院邮寄的起诉书和开庭传票却被退回。经法官向派出所核实后才得知，张兰于 9 月 17 日注销了户口，已经移民 。一张无法送达的法院传票、一个不容忽视的现实问题，富豪、精英、艺人、官员家属悄然变更国籍的背后，又给我们留下了什么？欢迎走进今天的《今日关注》。

富豪移民跟爱不爱国有关吗？我倒觉得，二者完全是两个不同的概念，没有必然的相关性，更画不上等号。儒家有句名言：“修身、齐家、治国、平天下。”中国人的家国观念一向很重。但爱国与否完全是感情问题，存在于当事者的内心。

富豪移民与否，涉及成本、收益、风险等多种因素的考量，是个人的选择。有的富豪移民，是为了让子女接受更好的教育；有的富豪移民，是为了享受投资优惠政策；当然，也有富豪是因为国内环境污染、食品安全等问题而移民。形形色色，不一而足。在一个全球化的时代，移民不是什么奇怪的事情，许多移民虽然国籍改变了,但对祖国的发展依然贡献着自己的力量。不过,大量的人才、资金外流也确实会影响一国的综合实力,但正如孔子所说:“危邦不入,乱邦不居。”富豪的大量移民需要政府对投资环境、人才发展空间等问题进行反思,并积极改进,而不是对富豪移民进行道德批判甚至加以限制。

其实,真正需要警惕、限制乃至杜绝的,是那些“裸官”,诸如将妻子移民菲律宾,并在香港生二胎,自己却在广东佛山市顺德区当公安局副局长的周锡开这类人,那才是真正的不爱国。自己掌握公权力,而又“身在曹营心在汉”,很容易损害公众利益。

好的,感谢您收看今天的《今日关注》,我们明天见。

(改编自《新文化报》于立生《富豪移民与爱不爱国没有必然关系》)

主持提示:本篇以实例开篇非常巧妙,这样故事化的叙述语言更能吸引人的注意,考生不妨做此类尝试。此外,本篇的态度鲜明,首先提出了富豪移民不一定就是不爱国的观点,然后综合了一些名言名句和事例进行说明,体现了发散思维的特点。最后话锋直指裸官这一类危害国家的蛀虫,引申合理,有理有据。

范例 1-18

请以“穷则独善其身,达则兼济天下”为话题,主持一档节目。

模拟主持:电视机前的观众朋友们,大家晚上好,欢迎收看《每日一句》。

今天要跟大家分享的是孟子的一句古训:“穷则独善其身,达则兼济天下。”这句话的意思是:一个人在困窘之时不能放弃个人修养,在显达的时候要以天下为己任。孟子的这句话从公元前300多年流传到现在,其中的美德也由一代代国人传承至今。

兼济天下,其实并不是要我们做多么轰轰烈烈的善事。远到志愿赴西部支教,近到去敬老院做义工;大到像富豪一样为灾区捐款,小到为希望小学捐一本书。兼济天下,在乎的不是金钱多少、付出多少,重要的是一份时时刻刻胸怀天下的心。

孔子曾经说过:“士而怀居,不足以为士矣。”就是说,一个人如果成天想的都是自己的小家，那么这个人就不能成为一个真正的君子。

诗圣杜甫在自己的茅屋仅能容身、破败漏雨之时，想的却是“安得广厦千万间，大庇天下寒士俱欢颜”，我们无人不被那博大的胸襟和炽烈的感情所震撼！再如范仲淹，他认为一个士人不论是“居庙堂之高”还是“处江湖之远”，都应该心念天下君民，“先天下之忧而忧，后天下之乐而乐”。

正是这样博大的胸怀、这样高远的志向，让中华民族的传统美德始终闪烁在历史的长河中。朋友们，只要我们尽自己所能为社会奉献了爱心，即使是涓涓细流也能汇聚成海；朋友们，一位贫困学子的命运或许就因你而改变，一个民族的命运也将因我们的点滴善举而改变。在当代社会，我们更需要这种“穷则独善其身，达则兼济天下”的精神和情怀，让我们一起共同努力，构建一个美丽中国，实现我们的中国梦。

《每日一句》与您分享到这，感谢收看，明天晚上 10 点我们不见不散。

（改编自中国教育网马彩缤《穷则独善其身，达则兼济天下》）

主持提示：以名言警句或成语等形式为话题的模拟主持切忌空洞说教，主持人在开篇可以先对句子或成语的内涵进行简单阐述，帮助受众理解，然后配合例子进行说明和佐证，避免空谈。本篇先用一句话点名古训内涵后，再结合具体行为进行阐述，形象具体，后又补充了孔子、杜甫、范仲淹等先贤的例子，不仅使主持更加丰满，也在一定程度上反映出主持人的文化涵养。最后强调“一个民族的命运也将因我们的点滴善举而改变”，起到了画龙点睛的作用。

范例 1-19

请以“明星人设”为话题，主持一档节目。

模拟主持：观众朋友们，大家好，欢迎收看今天的《焦点关注》。

随着互联网的发展，点开网络短视频平台，我们会发现不少明星“网红”账号有着鲜明的个人特色。他们或主打妆容颜值、唱歌跳舞，或主打搞笑幽默等特点，总之，他们每推出一个短视频作品，都严格符合账号调性，也就是人们常说的“符合人设”。而特定的“人设”也吸引着特定的粉丝群体，成为移动互联网时代的粉丝文化现象。

那么今天我们就来和大家聊聊“人设”。所谓“人设”,指的是人物设定,简单来讲就是在内容平台提前设定并演绎出一个相对完整的人物,如高颜值形象、“学霸”、“女神”等。他们相信精准“人设”能够精准吸粉,围绕“人设”策划推出短视频、图片等各类作品。若想在相关平台获得粉丝,就必须在“人设”限定下持续推出精准匹配调性的作品,这既由平台的算法决定,也是基于粉丝喜好的设计。

在一些互联网内容平台,利用“人设”打造明星“网红”、吸引粉丝并进行流量变现,已形成一整套成熟的商业模式。在“双 11”等重要的消费节点,有着讨喜“人设”的明星网红,动辄“带货”上千万元,这既证明了粉丝经济的巨大潜力,也说明“人设”作为一种商业模式的成功。甚至有人说,要想在短视频、社交网站走红,就必须预先设计好“人设”。

然而,健康的粉丝经济应当兼顾经济利益和社会效益,正确的商业逻辑也需要与正确的价值导向相结合。“人设”终究是人为设定,如果名实不副、德不配位,形象则可能“逆转”。近年来明星“人设崩塌”的情况并不鲜见,例如某“人设”为“学霸”的男明星学历造假事件、某标榜自己才华多样的明星露馅事件、“网红带货”中重数量轻质量问题等。调查显示,超过半数的粉丝表示追星是为了视其为榜样,向其学习,如果明星网红的“人设”有名无实,不仅会造成负面的社会影响,更会对粉丝群体形成负面的价值导向。

再精心打造的“人设”,也不过是一种刻意呈现出来的形象,并不一定是真的,本质上还是一种营销行为。真正的自我最终是体现在日常的言行举止中,体现在工作与生活的方方面面。如果把人生当成一场带着“服化道”的“表演”,演得再好,也总有出戏的时候。粉丝对于明星“人设”的真正期待是,返璞归真、找到自我,不断打磨技艺、沉淀修养,走出一条纯粹的演艺道路,将德艺双馨作为自己的职业目标和人生价值。

引导粉丝文化释放更多正能量,网络平台同样责无旁贷。网络平台具有天然的传播属性,这使得移动互联网时代的粉丝经济呈现出传统经济不具备的特点,即更具有社会属性、舆论属性,从一开始就在商业逻辑、经济运转中附带了价值引导的功能。正因为如此,无论是“人设”还是其他商业模式,都应该在经济效益之外追求社会效益最大化，让粉丝群体成为社会规范的守护者、舆论正能量的弘扬者，让粉丝文化驶入正确的价值航道。

好的，今天的节目就到这里，感谢您的收看，我们下期再见。

（改编自《人民日报》魏薇《理性看待"明星人设"——粉丝群体如何贡献正向价值》）

主持提示：拿到一个话题时，考生在脑海中需要构建一个简单框架，可以采取思维导图的形式，理清表达思路与层次。在说的过程中，考生要注意挖掘现象背后的原因，运用理性思维，透过现象看本质。例如对于上述话题，可以透过"人设"关注到经济效益和社会效益两个要点，打破普通人对"人设"的印象，对"人设"的"演技"作出客观的分析，最后站在主持人的角度表态，引导正确的舆论走向，呼吁粉丝理性对待"明星人设"，成为社会规范的守护者。

范例 1-20

请以"网红"备课本为话题，主持一档节目。

模拟主持：各位早上好，欢迎收看正在直播的《今日关注》。

近日，江西省赣州市赣县区石芫中心小学一年级数学老师胡欣的备课本在网络上走红。这本"网红"备课本图文并茂、形象生动，赢得了无数网友的点赞。

用图案来呈现一个个数字的秘密，唤醒小小心灵里的数学潜能；用飞行的小鸟、乖巧的熊猫、可爱的大象把教学内容具象化，勾起孩子们学习的兴趣；用一个个表情丰富、鲜活生动的小朋友卡通形象，给学生们创造沉浸式的学习体验……翻开这本"网红"备课本，可以感受到一位乡村教师对教育、对学生倾注的心血。"这都是依据一年级小朋友的喜好而设计的"，一片真情只为孩子，人们感受到教书育人的崇高，也看见人民教师应有的风采和形象。

事实上，备课本的走红，也说明无论是孩子还是家长，都对有创意的教学方法喜闻乐见。一个人遇到好老师是人生的幸运，一个学校拥有好老师是学校的光荣，一个民族源源不断地涌现出一批又一批好老师则是民族的希望。教育，一头连着经济社会发展的人才供给、智力支持，一头连着每一个孩子的命运、每一个家庭的未来。面对高质量发展的时代要求，如何培养更多创新型人才？面对全面小康的美好愿景，如何让更多孩子通过教育改变命运？"网红"备课本的启示在于,除了国家需要进一步推进教育改革外,另一个重要的维度,则是需要广大教师发挥主动性和创造性,在三尺讲台上发挥自己的激情与想象力,既丰富自己精彩的人生,也汇聚成烛照教育事业前行的力量。

一本"网红"备课本,也让乡村教师受到了更多关注。乡村教师,是一个温暖的字眼。无论是把学生们的课本和文具挑进大山的支月英,还是多年在悬崖天梯上接送学生的李桂林、陆建芬夫妇,抑或是自掏腰包给孩子们做饭的"网红"校长章站亮,上课灵动活泼的90后乡村教师肖筱颉……从过去到现在,他们身上始终闪耀的是奉献与坚守的光芒,他们心中未曾改变的是那份对教育的爱、对孩子的爱。山里娃娃的未来,需要乡村教师的坚守;乡村教师的成长,也需要制度的托举。从制度温暖和人性关怀两个维度出发,将更多资源向乡村基础教育倾斜,只有让乡村教师在岗位上有成就感、生活上有幸福感、社会上有荣誉感,才能让乡村教师真正下得去、留得住、教得好,乡村教育水平才能稳步提高,孩子们的梦想才能真正照进现实。

习近平总书记指出:"'两个一百年'奋斗目标的实现、中华民族伟大复兴中国梦的实现,归根到底靠人才、靠教育。"孩子身上,饱含着未来世界的可能性,希望有更多像胡欣那样的好老师去呵护这种可能性,让孩子们成就梦想,成长成才。

好的,本期的《今日关注》到这里就结束了,感谢您的收看,我们明天见。

(改编自《人民日报》丁雅诵《"网红"备课本传递育人温度》)

主持提示:考生要多关注正能量新闻,对话题进行适当的发散性思维。本例从"网红"备课本背后挖掘教育创新的意义,从这一角度出发进行扩充。确定论点之后寻找相应的储备材料进行论证,在此基础上进行合情合理的类比推理,如从乡村教师胡欣,联想到更多的乡村教师,再到呼吁国家将教育资源向乡村倾斜,进而引申出习近平总书记对教育提出的要求。一步步的分析既是对论点的扩充,也是对主题的升华。

第二章　社教服务类模拟主持

第一节　社教服务类模拟主持策略

社教服务类节目寓教育于娱乐，寓教化于服务，寓宣传于信息、文化知识的传播之中，主要分为社教科普类和生活服务类两大类。

社教科普类节目的作用是向受众传授维系社会发展所需的社会规范和知识。此作用比较集中地体现在政治、经济、文化、科技、法制等社教科普类节目中。

生活服务类节目则生活气息浓郁、题材广泛、内容丰富、话题轻松。这类节目主要向受众介绍烹调、保健、美容、栽花、养鱼等充满家庭生活乐趣的知识以及普及一些生活常识。

社教服务类模拟主持可参考材料评述类模拟主持的基本技巧和要求。此外，还有两点需要格外注意。

一、表达富有亲和力

（一）摆正位置，传递知识

作为社教服务类节目主持人，绝不能摆出“专家”的架子，高高在上地为受众传递信息。如果对自身定位不准确,“盛气凌人”地主持,就会使主持效果大打折扣。

主持人在主持社教服务类节目时切忌“念稿子”,使用“播音腔”,因为这种生硬的语调会让人感到不真实、不亲切。主持人应该把掌握的信息用自己的话告诉受众,这样才能让受众感受到主持人的亲和力。

(二)语调亲切自然、轻松幽默

受众在收看社教服务类节目时的心情一般是轻松的,在这种情况下,主持人要善于利用节目内容和现场语境,巧妙制造富有趣味的现场气氛,使节目精彩不断。

2005年3月28日,中央电视台经济频道推出首个脱口秀节目——《今晚》。节目开播不到半个月,收视率就蹿升至全国同时段节目第9位。随着收视率的不断上升,《今晚》的主持人——26岁的包头小伙儿高博走进了人们的视野。他轻松搞笑又不失稳重的主持风格给观众留下了深刻的印象。高博语速很快,反应机敏,听他主持就像听一个幽默的老朋友说话,坦诚、率真。在节目中,高博总是从身边朋友的笑话、趣事中展开话题,在讲到一些新奇的事时常说“高博怎样,比高博强多了,让高博感叹”之类的话。在受众心目中,高博不再是正襟危坐的主持人,他像朋友一般跟大家打招呼、说笑话,看到不平的事也义愤填膺、怒目圆睁,一下子就拉近了与受众的心理距离。这样的主持人谁不喜欢呢?在观众中有好人缘自然也就在情理之中了。

(三)真诚交流,以心换心

现在的节目朝着越来越人性化、人文化的方向发展,考生可采用自我介入的方法来主持社教服务类节目,与受众真诚交流、以心换心。

中央电视台节目主持人张悦在《为您服务》节目中,讲到家庭感情危机时,就坦诚地提到了自己的夫妻生活经历,借此来劝导青年夫妻要恩爱敬重,并扩展到如何对待自己的工作和生活。她的自我介入,使表述更具有交流感。

我觉得,一个人想在学习和工作中取得成绩,除了领导的支持、朋友的关心、个人的努力以外，爱人的支持和帮助也是十分可贵的。因为这是最直接、最实在的支持。我没有上过大学，是通过艰苦的自学取得大学学历的。在我自学的那段时间里，每天晚饭以后，我爱人怕孩子吵我，常常把孩子带出去，把晚饭后的黄金时间，包括我们狭小居室中唯一的一张写字台让给我。现在，我已经取得了大学学历，这里边有他一份实实在在的功劳。我想把我的座右铭告诉你们，希望对你们有些帮助：莫叹生不逢时，贵在奋斗不息。

这种自我介入的主持方式一下子就拉近了主持人和受众的距离，让人觉得主持人是自己可信任的一个朋友。考生主持时也可以适当地结合自己的生活经验，与受众真诚交流。

二、讲究服务意识和服务精神

主持社教服务类节目时，主持人一定要具有服务意识和服务精神，遵循传播中的“三贴近”原则：贴近实际、贴近生活、贴近群众。

（一）根据材料选取角度，将专业知识通俗化

比如，人们在收看汽车节目时，一般关心的是车的外观、舒适度和实际性能等，至于发动机的特点、喷漆的化学成分、轮胎的摩擦系数等，只有那些专门研究汽车的人才会津津乐道。这时主持人就要把这些数据转化为受众在实际生活中能够直观感受到的东西。但如果材料中确实出现了一段专业性、科学性比较强，或者是数据比较多的文字，并且以考生的能力无法妥善转换的话，那么也可以直接念出来，就像在给朋友念书上的一小段文章一样，这样虽不出彩，却也不容易出错。

（二）用形象具体的方式进行表述

比如，“水的用量约为一个普通装的矿泉水瓶那么多”比“需要 500 毫升的水”更加直观，更能让受众明白清楚。再比如，在一档环保节目中，主持人介绍过多地使用洗衣粉会造成环境污染时，原本要使用一系列数据来说明，但对于

这些数据,受众并不能直观地理解,于是主持人这样解释:“您可以设想一下,在一个普通的鱼缸中,放入四分之一块透明皂,鱼缸里的鱼将会怎么样呢?”鱼缸和透明皂都是生活中比较常见的物品,这样更有利于受众的理解。

第二节 社教服务类模拟主持范例详解

一、社教科普类节目主持

范例 2-1

请结合你了解的科学常识,主持一档社教科普类节目。

模拟主持:科学大探险,世界真新鲜。大家好,欢迎来到今天的《科学大探险》。

今天我要跟大伙聊一聊咱们生活中的误区。这些都是大家平时司空见惯的现象,但是大家却不一定知道它们究竟是不是正确的。

我们首先来看第一条,拥有智能手机的人越来越多了,但是智能手机有些费电,所以就有人传言说,新手机的电池要“用光、充足”3 次才更好。这点可能很多人都有疑问,真的如传言说的那样要用光、充足 3 次才好吗?事实并非如此,现在的智能手机使用的都是锂电池,提示电量低时就应该充电了,过度充电或者过度放电都会影响电池的寿命。

解答完大家对电池的疑惑后,咱们再来说说防辐射这个话题。很多朋友可能早就听说仙人掌能防辐射了,于是很多人都买了仙人掌摆放在自己的电脑旁。我也不例外,特意去买了一盆仙人掌放在电脑旁,但没想到没过多久,这盆仙人掌竟然死掉了!听到这,大伙可能都跟我一样,以为是电脑辐射将它“杀”死了,后来我才知道,其实仙人掌根本不是被辐射“杀”死的,它的死另有“凶手”。我仔细检查仙人掌,发现它是从根部开始腐烂的,估计是平时水浇太多了,并且又在阴暗的地方生长。不过有朋友会说了,这也是我自己的推测,那么仙人掌究竟能不能防辐射呢?关于这个问题,我们特意采访了北京农学院园艺系的姚允聪教授，他给出的答案是否定的。姚教授说，仙人掌在日照强烈的沙漠生长，能够抵挡阳光、紫外线的破坏。但阳光中产生的是一种“辐射能”，与电脑屏幕或其他电器产生的辐射线不同。辐射线是一种直线行进的能量波，目前没有任何物质可以使辐射线转弯，吸收辐射线的说法显然也不准确。因此，在电脑旁摆一盆仙人掌能够吸收辐射、减少辐射对身体伤害的说法并没有科学依据。所以爱玩电脑的朋友们想要减少辐射的危害还是少玩电脑吧，放盆仙人掌不过是自我安慰罢了。

好了，感谢您收看今天的《科学大探险》，我们下期节目再见！

主持提示：主持社教科普类节目时要明确题干中的几个基本信息：一是与科学有关，二是讲受众关注度较高的生活经验和知识。在考试中，考官经常会问：“你觉得自己适合主持什么类型的节目？”所以，考生在训练时就要有意识地进行分门别类的记忆，做到“考前有准备，考时有底气”。

范例 2-2

请根据以下材料，主持一档文化类节目。

颜真卿少时家贫缺纸笔，便用笔蘸黄土水在墙上练字。初学褚遂良，后师从张旭。颜真卿十分推崇张旭，诚挚地师事张旭，深得其教诲。他特别注意学习张旭的用笔之法、执笔之理，以及“得齐于古人”的攻书之妙。这对于颜书的成型是极其重要的。颜真卿后又汲取“初唐四家”的特点，兼收篆隶和北魏笔意，自成一格，一反初唐书风，化瘦硬为丰腴雄浑，结体宽博、气势恢宏，人称“颜体”。

颜真卿为琅琊氏后裔，家学渊博，六世祖颜之推是北齐著名学者，著有《颜氏家训》。他的书体与柳公权并称“颜柳”，有“颜筋柳骨”之誉。

模拟主持：观众朋友们，欢迎您收看今天的《文化中国》。

颜真卿这个名字对于大家来说不算陌生，他是中国唐代一位著名的书法家，创立了气势雄浑、字体敦厚的颜体书法。颜真卿一生书写了很多碑文，我们今天就来说说颜真卿的故事。

颜真卿既是中国唐代著名的政治家，同时也是一代书法大师，他练就的楷书是中国书法史上最著名的字体之一。据史料记载,颜真卿自幼喜爱书法,因家里比较穷,买不起纸,他就用笔蘸着黄土水在墙上练字。后来颜真卿顺利踏上仕途,为官期间,他对书法艺术仍十分痴迷,颜真卿觉得自己写的字功夫还不到家,要拜高人为师才行。

不久,他辞去官职,到洛阳拜大书法家张旭为师。张旭听颜真卿说明来意,并仔细看了他写的字以后,对颜真卿说,你的字已经写得很不错了,现在国家正是用人的时候,你是国家的栋梁,哪能在写字上花这么多功夫呢?只要你经常练习,字就会有长进,不必拜我为师了。张旭的一番话让颜真卿大受启发。颜真卿回去以后,又继续在朝廷里做官,可他心里总放不下向张旭学书法的念头。没过多久,他又一次辞去官职,来洛阳找张旭。张旭被颜真卿的诚意打动,终于收下了这个徒弟。颜真卿在张旭的指点下,书法水平提高得很快。他又沿袭了"初唐四家"薛稷、褚遂良、欧阳询和虞世南的书法特点,书风逐渐自成一体。颜真卿的楷书一反初唐书风,化瘦硬为丰腴,结体宽博、骨力遒劲、气势恢宏,人们称他的字体为"颜体"。颜体的练就使颜真卿成为中国书法史上最具影响力的书法家之一。

颜真卿的故事告诉我们,凡事都要持之以恒,有梦想就应付诸行动。好了,关于颜真卿的故事我们今天就说到这了,感谢大家的收看,我们下期节目再会。

(改编自《国宝档案·郭虚己墓志铭》解说词)

主持提示:本篇的考查重点是对于材料的口语化改编。社教科普类节目改编的要诀在于敢于舍去那些价值不大的信息,保留甚至是拓展能够反映核心思想的细节和情节。材料中其实并没有着重说颜真卿是如何靠不懈努力实现梦想的,但在模拟主持中,主持人用坚持不懈的拜师过程体现了颜真卿追求梦想的决心。尾段是对主题的升华,使整个表达有照应、有骨架。全篇叙述流畅,将师事、攻书这些词语通俗化,内容集中、思想明确。

范例 2-3

请结合下面的材料,主持一期社教科普类节目。

做梦是人体一种正常的、必不可少的生理和心理现象。人入睡后,一小部分脑细胞仍在活动,这就是做梦的基础。人为什么会做梦?不做梦会有什么反应呢?

科学家做了一些阻断人做梦的试验,即当睡眠者一出现做梦的脑电波时,就立刻将其唤醒,不让其梦境继续,如此反复进行。结果科学家发现,对梦的剥夺会导致人体出现一系列生理异常状况,如血压、脉搏、体温均有升高的趋势,自主神经系统机能有所减弱,同时还会引起人的一系列不良心理反应,如焦虑不安、紧张、易怒,出现感知幻觉、记忆障碍、定向障碍等。显而易见,正常的梦境活动是保证人体机能正常活动的重要因素。

由于人做梦时右侧大脑半球活动占优势,而醒来后左侧大脑半球活动占优势,因此,梦是协调人体大脑平衡的一种方式,特别是对人的注意力、情绪和认识活动有较明显的调节作用。

无梦睡眠不仅质量不好,而且还是大脑受到损害或患病的一种征兆。最近的研究结果表明,梦是大脑调节中心平衡身体各种功能的结果,也是大脑健康发育和维持正常思维的需要。倘若大脑调节中心受损,就形成不了梦,或仅出现一些残缺不全的梦境片段,因此,如果长期睡眠时无梦,倒值得人们警惕了。

在人的睡眠中,第一个梦境一般出现在入睡后的第 90 分钟,梦境的持续时间为 5—15 分钟。同时,我们的梦境在睡眠的各个阶段是循环出现的。在一夜的睡眠时间内,我们要做 4—6 个梦,所以人们的睡眠时间有 1—2 个小时是在梦中的。有些人总是认为梦中的时间过得很慢,以为自己睡了很久,但是醒来之后才发现自己只睡了一小会儿。这其实只是由于人们混淆了“客观时间”和“主观时间”所引起的错觉而已。

模拟主持:观众朋友们大家好,很高兴与您相约在今天的《走进科学》。由莱昂纳多主演的电影《盗梦空间》上映时火爆全球,创造了很高的票房纪录。同时,它的热映也引发了人们对梦的各种各样的想法,使人们开始对梦产生怀疑。接下来我就一一为大家揭晓关于“梦”的奥秘。

要探索梦的奥秘,首先我们要了解的就是人为什么会做梦。如果你很轻易地回答说因为睡觉所以会做梦,那可就大错特错了。做梦是人体一种正常的、必不可少的生理和心理现象。人入睡后,一小部分脑细胞仍在活动,这就是做梦的基础。有的人常说,自己一晚上都没有做梦,睡眠质量很好。可事实上,无梦睡眠不仅质量不好,而且还是大脑受到损害或患病的一种征兆。我们每个人在睡眠时都会做梦,只不过我们的梦都属于短期记忆,不容易被记忆储存,所以大脑在早上清醒时就很容易把梦给忘记了。其实,正常的梦境活动是保证人体机能正常活动的重要因素。

那么有些人就会问了,我们每天睡觉时会一直做梦吗?事实上,我们每天睡眠时的做梦时间是有规律的。人们的潜意识在睡眠时总是处于半梦半醒的状态,只有当潜意识处于休息状态时,人们才会进入梦境。在人的睡眠中,第一个梦境一般出现在入睡后的第 90 分钟,梦境的持续时间为 5—15 分钟。同时,我们的梦境在睡眠的各个阶段是循环出现的。在一夜的睡眠时间内,我们要做 4—6 个梦,所以人们的睡眠时间有 1—2 个小时是在梦中的。

有些人总是认为梦中的时间过得很慢,以为自己睡了很久,但是醒来之后才发现自己只睡了一小会儿。这其实只是由于人们混淆了"客观时间"和"主观时间"所引起的错觉而已。

看完今天的节目之后希望大家对"做梦"有更为科学的认识。本期节目到这里就要和大家说再见了,感谢您的收看,再见。

主持提示:本例有两大亮点:第一大亮点是主持开头,开头不一定都要开门见山地直入主题,引用与主题有关的、时下的新鲜事物可以体现一定的时效性,显得新鲜、生动、活泼。第二大亮点在于主持人能够大胆打乱材料顺序,重新按照主持思路进行提炼、整合、编排,使之更加符合表达的逻辑。但是需要注意,这种情况一般是给出的材料自身没有太多的逻辑关系,比如本篇说理性的材料就给了大家充分发挥的余地。若是材料本身逻辑非常严密,则不能随意打乱顺序。

范例 2-4

请结合以下材料,主持一档社教科普类节目。

美国俄亥俄州立大学的一项新的科研成果显示,人的身体中有两种不同的脂肪:白色脂肪和棕色脂肪。白色脂肪即人们俗称的"肥肉",棕色脂肪则是人类存储能量的地方。在实验中,研究人员在小白鼠身上注入棕色脂肪细胞,发现棕色脂肪细胞进入小白鼠体内之后,可以将原来的白色脂肪转换为棕色脂肪，并且还能起到燃烧脂肪的作用。棕色脂肪细胞不仅没有让小白鼠变胖，反而让它瘦了20%。

不过棕色脂肪组织在成人体内数量极少，只有在新生儿及冬眠动物体内较多。新生儿体内的棕色脂肪主要分布在肩胛间区、腋窝及颈后部等处。此外，科学家研究发现，棕色脂肪的活力只有靠寒冷激发，才能发挥减肥功效。

瑞典哥德堡大学的研究人员把5名志愿者置于凉爽环境中2个小时后，再让他们把一只脚间断性地放入冰水中。PET（正电子发射断层）扫描显示，每次体温降低，受试者体内的棕色脂肪组织就开始工作。但研究还发现，某些肥胖者体内的棕色脂肪组织不为寒冷“所动”。对此，科学家正尝试利用药物激发它们的活力。

模拟主持：各位观众朋友晚上好，欢迎收看本期的《知识加油站》。

现在很多爱美的人士都把瘦当作一种美，想尽一切办法瘦身，然而很多朋友汗没少流，脂肪却一点儿也没减少，真是应验了那句话：“你爱或不爱，脂肪就在那里，不离不弃。”但是你知道吗？当脂肪遇见脂肪，你可以变得不是更胖，而是更瘦。

这是美国俄亥俄州立大学的一项新的科研发现。他们发现，人的身体中有两种不同的脂肪：白色脂肪和棕色脂肪。白色脂肪就是我们俗称的“肥肉”，棕色脂肪就是你存储能量的地方。棕色脂肪和白色脂肪究竟有什么关系呢？为了验证两者之间的关系，研究人员对小白鼠进行了实验。在实验中，研究人员在小白鼠身上注入棕色脂肪细胞，发现棕色脂肪细胞进入小白鼠体内之后，可以将小白鼠的白色脂肪转换为棕色脂肪，并且还有燃烧脂肪的作用。注入棕色脂肪细胞不仅没有让小白鼠变胖，反而让它瘦了20%。

这个实验结果真是让人又惊又喜。听到这个结果，估计大伙儿都希望自己身上多点棕色脂肪了。但事实上，棕色脂肪组织在成人体内数量极少，只有在新生儿及冬眠动物体内较多。随着年龄增长，人体内的棕色脂肪会逐渐消失，最终只残存少量棕色脂肪。至于残存的棕色脂肪数量的多少，也是因人而异的。这就是为什么有些人终日“胡吃海塞”却可以保持苗条身材，而有些人长年奋战在“减肥一线”却久久不见成效。

尽管我们成年人体内残存有棕色脂肪,不过研究显示,这些“有益的”脂肪只有在受寒冷激发时才能活跃起来,发挥减肥功效。想要减肥的朋友们看来要加强自己的抗寒能力了。但无论如何,健康减肥才是最重要的。所以还是要提醒广大想要或正在减肥的朋友们,不要相信捷径,减肥的秘诀还是“管住嘴,迈开腿”。

好了,以上就是本期《知识加油站》的全部内容,感谢您的收看,我们下期再见。

主持提示:主持的时候,节目的样态决定了话语表达的样态,情感基调应符合节目类型。比如:新闻类节目的表达要严谨,社教服务类节目的表达要亲切,等等。同时,材料的有效运用是关键。本篇主持稿就是把枯燥的材料改编成对人们非常关注的减肥问题的讨论,将原本晦涩的材料加载在生动有趣的话题之上,大大增加了节目的可听性、可看性。

范例 2-5

请以某一历史事件为切入口,主持一期历史文化类节目。

模拟主持:观众朋友们大家好,欢迎收看今天的《走进历史》。

1937 年的 7 月 7 日虽然已经离我们很远了,但它依然是很多人心中的伤疤。就在这一天,日本不顾国际社会的强烈谴责,悍然发动震惊中外的七七事变,使中国被迫进入全面抗战阶段。那么当天究竟发生了什么?为什么日本突然发动事变?马上带您走进历史。

1937 年 7 月 7 日晚上 7 点 30 分,日军在紧靠卢沟桥中国守军驻地的地区开始演习。22 点 40 分的时候,日军演习地带传来枪声,并传出有一名士兵“失踪”的消息。日方以此为借口,要求立即进入中国守军驻地搜查,但遭到中方的拒绝。日军一面因“枪声”和士兵“失踪”的问题与中国方面进行交涉,一面加紧部署战斗。差不多在凌晨的时候,冀察当局接到日本驻北平特务机关长松井太久郎的电话称日军昨天在卢沟桥郊外演习时突闻枪声,当即收队点名,发现少了一名士兵,怀疑放枪者是中国士兵,并认为放枪的士兵已经入城,要求立即入城搜查。中方以当时正值深夜,日兵入城恐怕会引起地方不安为由,予以拒绝。

但日方不断强力施压并以武力威胁中方。冀察当局为了防止事态扩大，经与日方商议，双方同意协同派人前往卢沟桥调查。此时，日方声称的“失踪”士兵实际上已经归队，但日方却隐而不报。7 月 8 日凌晨 5 点左右，日军发动炮击，守卫卢沟桥和宛平城的第 29 军顽强抵抗，日方派援军向天津、北京方向大举进攻，驻守在卢沟桥北面的一个连的士兵仅剩下 4 人生还，其他人全部壮烈牺牲。7 月 30 日，中国军队因伤亡惨重被迫撤离了天津，天津沦陷。

这就是震惊中外的七七事变，以宽容、和善、仁义为道德标准的中华民族开始在痛苦中学会捍卫生命和民族的尊严。80 多年过去了，我们之所以还在纪念七七事变，就是要缅怀为追求和平正义作出重要贡献的人们，告慰在那场战争中不幸遇难的同胞。因为记住历史是为了更好地面对未来。

好了，今天的《走进历史》到这里就结束了，我们下期再见。

主持提示：艺考除了考专业知识以外，还要考查考生的文化水平。因此，对于一些文史知识，考生在备考时必须有意识地加强记忆。比如抗日战争时间是 1931 年 9 月 18 日至 1945 年 8 月 15 日，而七七事变标志着抗日战争全面爆发。另外，怎么把故事讲得生动也是模拟主持的重要一环。考生主持历史文化类节目时，要注意调整好语态，叙述中有矛盾、有冲突，情节有起伏，以增强语言的画面感。

范例 2-6

请以我国某一著名的自然景点为话题，主持一档节目。

模拟主持：观众朋友们大家好，欢迎收看《地理中国》节目，今天我要带大家去的地方是美丽神秘的张家界。张家界位于湖南省西北部，地处云贵高原与洞庭湖沉降区的相接地带，复杂多样的地貌造就了当地的特色景观。

张家界以其得天独厚的旅游资源闻名于世。以中国第一个国家级森林公园和天子山、索溪峪自然保护区组成的武陵源风景区面积达 369 平方公里，区内以世界罕见的砂岩峰林地貌为主，集桂林之秀、黄山之奇、华山之险、泰山之雄于一体，藏桥、洞、湖、瀑于一身，有“三千奇峰，八百秀水”的美称。

下面我来给大家重点介绍一下被称为“中国最美旅游溶洞”的黄龙洞。黄龙洞是张家界武陵源风景区重要的组成部分,属于典型的喀斯特岩溶地貌,是我国地质类型最全的著名洞穴之一。黄龙洞除了宽阔的龙宫厅以及数以万计的石笋外,还有壮丽的洞穴瀑布,可以说是“水陆兼备”。洞内有几十座山峰、上千个白玉池和近万根石笋,景色非常绚丽。在穹顶石壁上,由于滴水沉淀的原因,形成了石乳、石柱、石笋、石幔、石琴、石花,琳琅满目、美不胜收,因此黄龙洞也有“地下迷宫”之美称。

另外值得一提的是黄龙洞中令人称奇的音响石,游客只要敲击洞中石琴山上的钟乳,就可以听到动听的丝竹之音,这是非常罕见的。除此之外,这里还有保额达一亿元人民币的“定海神针”,它高约 20 米,差不多有七层楼那么高。它奇就奇在最细的地方直径只有 10 厘米,并且“定海神针”屹立千年不倒,还在一直生长着,真可以说是海内奇闻了。

给大家介绍了这么多,相信大家对张家界已经有了一定的了解,有机会大家不妨去亲自看看它的美丽。好了,这一期的节目到这里就结束了,感谢大家的收看,我们下期再见。

主持提示:这一类题目发挥空间较大,难度较小,考生可以选取自己去过的旅游景点或是自己家乡的景点来主持。除了像本篇这样用解说式表达之外,还可以在其中穿插一些传奇故事,使自己的表达更吸引人。叙述时要注意景点的位置关系和介绍的逻辑,切忌表达过于平淡。

范例 2-7

请结合以下材料,主持一档社教科普类节目。

笑是一个人基本的情绪表达,也是一个人在生活中最容易出现的表情,下面介绍几个关于笑容的冷知识。

1. 如何辨别真笑和假笑

识别真笑和假笑,最关键的是看鱼尾纹肌,不管是小孩还是老人,在真笑时,都会咧开嘴,嘴角向上,鱼尾纹肌是皱在一起的。无论有没有鱼尾纹,鱼尾纹肌都是一样的。假笑时,虽然嘴部的表情一样,但鱼尾纹肌是没有什么变化的。此外,美国微表情研究专家保罗·埃克曼指出,任何一种表情如果持续的时间超过 5 秒,就可能是假装的。人们发自内心的微笑通常只能持续 2—4 秒,而假笑因为是刻意做出来的，一般会持续超过 5 秒。同时，假笑时脸部的肌肉会显得有些不自然、不对称。

2. 笑能减轻疼痛

多笑不仅能增强慢性疼痛患者对疼痛的耐受性，而且能提高他们的生活质量。

3. 笑能减压

美国加州大学欧文分校心理学博士莎拉·普莱斯曼曾做过一个关于抗压能力的试验，结果显示：面带笑容的受试者心率下降得更快，压力也减轻得更快。

4. 笑能提升记忆力

美国洛马琳达大学的研究者发现，微笑能降低皮质醇等压力激素的水平，不仅能降血压，还能减轻其对大脑海马区神经元的损伤，提升记忆力。

模拟主持：观众朋友们大家好，欢迎来到《冷知识小课堂》，我是主持人××。人们常说爱笑的女生运气不会太差，今天，我就要和大家分享一些关于笑容的“冷知识”。

在生活当中，我们会发现笑容多的人的人缘往往比不爱笑的人要好，但有些时候笑容也会成为别人攻击你的一个地方。因为他们觉得你的笑容是一种伪装，是为了达到某种目的，就像最近很火的节目《偶像练习生》里的爱笑男生陈立农，很多人因为他的笑容喜欢上他，但也有很多人说他的笑是假笑，所以今天我们分享的第一个关于微笑的冷知识就是如何辨别真笑和假笑。识别真笑和假笑，最关键的是看鱼尾纹肌，不管是小孩还是老人，在真笑时，都会咧开嘴，嘴角向上，鱼尾纹肌是皱在一起的。无论有没有鱼尾纹，鱼尾纹肌都是一样的。而假笑时，虽然嘴部的表情一样，但鱼尾纹肌是没有什么变化的。此外，美国微表情研究专家保罗·埃克曼指出，任何一种表情如果持续的时间超过 5 秒，就很可能是假装的。人们发自内心的微笑通常只能持续 2—4 秒；而假笑因为是刻意做出来的，一般会持续超过 5 秒。同时，脸部的肌肉会显得有些不自然、不对称。怎么样，你学会辨别真正的微笑了吗？

接下来我们回到节目开始说的那句话——爱笑的女生运气不会太差。笑容在生活中真的能够帮助我们很多。在你受伤的时候,记得微笑。多笑不仅能增强慢性疼痛患者对疼痛的耐受性,而且能提高他们的生活质量。在你背书的时候,记得微笑。微笑能降低皮质醇等压力激素的水平,不仅能降血压,还能减轻其对大脑海马区神经元的损伤,提升记忆力。在你精神紧张的时候,记得微笑。美国加州大学欧文分校心理学博士莎拉·普莱斯曼曾做过一个关于抗压能力的试验,结果显示:面带笑容的受试者心率下降得更快,压力也减轻得更快。

是不是没想到原来微笑的作用这么大?从今天开始做一个爱笑的人吧,你会发现其实生活中处处充满阳光。好了,今天的节目到这里就结束了,我们下期节目不见不散。

主持提示:本篇考查的是考生对材料的改编能力,给出的材料有几个点,如果我们将每个点都展开说清楚的话,会特别花费时间,所以我们应该从中挑出一两个比较了解的点,其他的就稍微提及一下,这样会让整个主持听上去主次分明。另外值得一提的是,主持时,可以选用一些时尚热门的例子,吸引受众的注意。

范例 2-8

请阅读以下材料,将它改编成一档社教科普类节目。

日前,南京市公安局破获一起特大网络化妆品造假案,抓获主要犯罪嫌疑人 10 名,查获假冒成品 4000 余件,涉案存货价值 600 万元左右,销售金额超过 2000 万元。这些“知名品牌高档化妆品”的瓶子是回收来的。这些人就在马桶边的垃圾桶里洗洗,再徒手灌装加封,最后盖个日期就进行销售了。

据查,这家网店于 2015 年开张,作案手法隐蔽而狡猾,进货、分装、仓储、销售各环节分散在全国 6 个地区,还囤积了大量正品小票,并且自带众多“分号”,如果有店被投诉并处理,就用小号继续经营。

犯罪嫌疑人供述:“我们专做高档化妆品,有的人嫌价格贵,没在专柜买过正品,用了也无从对比真假。一套售价几千元的 LA MER,成本才几十块,因为价格比专柜低很多,所以很有市场。”

模拟主持：观众朋友们，大家好，欢迎来到《真相大揭秘》。不知道大家最近有没有发现一个现象，在城市的各个商场附近摆着一些小摊子，摊子上卖的是各种大牌化妆品，但是其售价却远远低于市场价。这时我相信很多人都会很好奇，这些化妆品到底是真的还是假的？接下来就跟我一起去了解一下吧！

大家可以看到，我现在左手拿的是一支从地摊上买来的某大牌口红，而我的右手边则是从专柜买回来的同品牌口红。接下来我们进行对比，首先来对比两只口红的外观。可以看到，这两支口红包装的手感、材质，还有logo设计都没有什么差别。接下来我们闻一下两支口红的味道，左边的“地摊口红”闻起来有酸酸的塑料味，而右边的正品口红闻起来有些香味。最后我们来对比它们的使用效果。哇哦，看完使用效果后，不用我说，你们也能知道地摊上的口红是真是假了，对吗？我们可以看到，“地摊口红”涂上之后，颜色有些暗淡，并且涂抹的过程也不是那么顺利，而正品口红看上去色泽明显要饱满很多。那么为什么在对比第一轮外观时“地摊口红”可以蒙混过关呢？经过调查，原来这些“知名品牌高档化妆品”的瓶子是回收的，造假者就在马桶边的垃圾桶里将它们洗干净，再徒手灌装加封，最后盖个日期就进行销售了。他们对外售卖时称自己是某某商场仓库管理员，或者是某某商场的运货司机，商场库存这么多，他们偷偷“顺”走一点没有关系。在这里，我要提醒大家，商场里的每一个商品都是有编号的，在入库之前，这些商品就已经按编号进行了归档储存。

怎么样？听完是不是恍然大悟了呢？好了，今天的节目到这里就结束了，我们下期节目不见不散，拜拜！

主持提示：本篇考查的是考生的随机应变能力和审题能力，这是一档社教科普类节目，旨在将材料中的知识点分享给大家。如果只是简单地给材料加一个片头语和结束语，那么很有可能就变成一个新闻类节目了。所以我们考试的时候一定要认真审题，将材料中的关键信息点表现出来，让主题更加鲜明突出。

二、生活服务类节目主持

范例 2-9

请主持一档生活服务类节目,要求与美食相关。

模拟主持:观众朋友们大家好,欢迎您准时收看我们的《美女私房菜》。一提到冬瓜,可能很多人都觉得很普通,但是大家有所不知,冬瓜可是一个营养价值和药用价值都非常高的食物。中医认为,冬瓜味甘、淡、性凉,具有润肺生津、止渴化痰、利尿消肿、清热解毒的功效,可用于痰热咳喘、水肿、脚气、痤疮、面斑、痔疮等病症的治疗,还能解鱼、酒之毒。

一说到这儿,相信很多朋友都动心了,想要好好吃一吃冬瓜,可是怎么吃既好吃又营养呢?今天我就给大家推荐一个菜,叫"红烧冬瓜",制作起来非常简单。我们要准备的材料是:白糖、生抽、食盐、老抽、蚝油、鸡精和冬瓜。

首先,把冬瓜去皮、去瓤,表面打上花刀,改切成方块。然后热锅下油,油热后放入冬瓜块煎至四面略显金黄后,把冬瓜扒到锅边,中间下少许白糖,炒出糖色后和冬瓜块一起炒匀。接着再放入一小勺盐、两勺生抽和一勺老抽让冬瓜均匀上色,加一小碗水炒匀后盖上锅盖,焖煮至熟。最后再加蚝油、鸡精,大火收汁,起锅撒上葱花即可。这里有个小窍门,那就是冬瓜表面打花刀更易入味。另外,炒糖的时候一定要注意千万别炒煳了,把握不好的话宁可少炒一会儿,糖快化完时就加冬瓜炒匀。最后收汁的时候不用收太干了,用那汤汁拌饭味道也是相当不错的。

看,这红烧冬瓜色泽金黄,闻着也是香气扑鼻。怎么样,电视机前的观众朋友们学会了吗?相信看到这儿,很多观众朋友已经迫不及待地想要一试身手了吧,大家一定要记住我们的烹饪步骤以及要准备的材料,我们再来温习一遍:步骤已经显示到了屏幕上,大家一定要记清楚。

好了,以上就是本期节目的全部内容。感谢您的收看,我们下期再见。

主持提示:考生在日常生活中必须做个有心人,比如主持此类美食节目就需要考生具备一定的生活经验。此例的重点在于如何烹饪美食,美食基本上可以从色、香、味三方面进行描述，这样不仅逻辑分明，而且可以使观众感到美食就在面前。

范例 2-10

请以“健康减肥”为话题，主持一档生活服务类节目。

模拟主持：观众朋友们大家好，欢迎收看《养生堂》。一到冬天，天气特别冷，我就不愿意出来运动，但是冬天过后，看到自己肥胖的身体就感到后悔。我相信电视机前有不少朋友也像我一样，所以在今天的节目中呢，我就给大家介绍一项既不用出门，又非常适合冬季瘦身的运动，让大家在保持健康的同时又拥有苗条的身材。

呼啦圈在众多美女的眼中是一种不起眼的健身方式。然而事实上，呼啦圈除了具有一定的健身功能之外，最重要的作用是帮助人们快速减掉赘肉，重新打造平坦的小腹。冬天转呼啦圈，减肥效果会更加明显。因此，大家不妨多用呼啦圈来使自己重新恢复苗条的身材。

转呼啦圈之所以可以起到明显的减肥作用，是因为在转的过程中，呼啦圈不停地在小腹上加速肠道的蠕动速度，这样可以将体内囤积的垃圾快速排出，有助于解决便秘的痛苦。另外，大家转呼啦圈时，每次最好坚持 30 分钟以上，这样才有利于消耗更多的脂肪，不然我们的功课可就白做了。凡事贵在坚持，如果每周能坚持转 3 到 4 次呼啦圈，很快就可以见到瘦身效果了。

爱美的朋友们，不妨试一下这种简单的运动方式吧。但我在这里还是要提醒大家，任何一项运动都要持之以恒才能有明显的效果。大家如果想保持一个较好的身材，就要坚持运动，三天打鱼两天晒网是没有用的，坚持一周，你就会发现明显的变化。

不知不觉，我们的节目也接近尾声了，感谢您的收看，我们下期再见。

主持提示：主持生活服务类节目时，人性化的表达非常重要。本篇开头就从主持人的生活经验出发，容易引起受众的共鸣。因此，好的主持人一定能够从生活细节入手，将真实的感受表达出来。此外，题目给出的话题是“健康减肥”，所以对于健康的认知是非常重要的，节食、吃减肥药都是不健康的。因此，主持人不仅要告诉受众怎样能健康减肥,还要告诉大家它的减肥原理,使大家不仅“知其然”,还“知其所以然”。

范例 2-11

据北京消防官方微博消息:昨天某户外俱乐部 30 多名驴友徒步爬门头沟灵山,两名队员走失。据悉,这两人缺水缺食物,热量急速流失,其中一名体力透支。多支救援队参与搜索,但山上极寒,7 级风吹起积雪,人站不稳,看不见,整个救援过程持续约 20 小时。今天中午二人被找到,一人被冻死,另一人经抢救无效死亡。请以此为引子,结合所学知识以及生活经验主持一档生活服务类节目。

模拟主持:大家好,欢迎收看今天的《带你闯世界》,我是主持人××。

现在很多驴友已经不满足于到已经开发的景区游玩了,他们开始大胆地尝试各种新奇刺激的项目,比如野外探险等。但就在前一段时间,某户外俱乐部的 30 多名驴友在徒步爬京西灵山时,发生了意外。两名队员在山上气温达零下 25℃、风力 7 级的情况下不幸遇难。今天,咱们就来讲讲如果在野外迷路或者出现险情的话,该如何求生。

第一,找到水源。在野外最危险也是最容易被忽视的情况就是缺水,因此找到水源十分重要。雨水通常是可以直接饮用的。下雨时,可用雨布、塑料布、空罐头盒、杯子、钢盔等容器收集雨水。

第二,解决食物问题。野外生存获取食物的途径有两种:一种是猎捕野生动物,另一种是采集野生植物。比如蝗虫、蝉这些听起来有些恐怖的虫类其实是可以用野火烧或烤着吃的,不得已的情况下可以用它们来充饥。另外,山葡萄、蒲公英、莲子也都是可以吃的。

第三,做好保暖措施。在野外宿营是很冷的,因此我们可以在睡前和醒后做一些运动,以驱散寒意,避免冻伤。如果在雪地宿营,睡袋不要直接放在雪上,因为人体温度会使冰雪融化而带走热量;而且睡袋必须保持干燥,每次使用过后,要把其中的暖空气放掉,否则遇冷后凝结的水汽会弄湿睡袋。需要注意的是,当野外温度过低时,不要长睡不起,而是要睡得浅一点,在感觉冷时就起来运动一下，这样才不会被冻坏。

总之，在野外，我们要尽一切可能保存体力，为下一步的计划做准备。

这些都是最基本的野外生存方式，如果您有什么更好的建议也可以告诉我们。同时，在这里也要提醒大家，不要擅自去没有开发的景区，毕竟安全最重要！感谢您收看今天的节目，我们下期节目再见。

主持提示：材料是重要的突破口，考生一一对应便不难发现，答在问中，即分析驴友的死亡原因，就是给大家的建议。缺水缺食物对应找到水源、解决食物问题，热量急速流失、体力透支对应做好保暖措施、保存体力。因此，考生要有在小材料里找到大问题的能力，不要粗略地看材料，要有从中提取有用信息并适当发挥的能力。

范例 2-12

“品一壶好茶，首先，要有优质泡茶的水；其次，要有好的器皿；最后，要有舒适的环境。”请根据这句话，以“品茶”为话题，主持一档生活服务类节目。

模拟主持：大家好，欢迎收看今天的《时光之尘》。在午后静静地品一壶香气缭绕的好茶，可谓是神仙一般的享受。在今天的节目中，我们就来说说怎么品茶。

首先，一种好茶必不可少的原材料自然是好茶叶。除此之外，还有几点也是非常重要的：第一，优质泡茶的水；第二，好的器皿；第三，舒适的环境。

茶人有句口头禅，叫作：“茶有各种茶，水有多种水，只有好茶、好水味才美。”那究竟什么样的水才是好水呢？唐代陆羽在《茶经》中就给了我们一个答案：“其水，用山水上，江水中，井水下。”当然，现在让人们去取山泉水、江水或井水来泡茶似乎不太现实，况且现在水污染比较严重，即使取到这些水也没法直接饮用，但这至少说明水质对泡茶来说是非常重要的。如果水质不好，自然会影响茶的口感。

俗话说：“水为茶之母，壶为茶之父。”要获取一杯上好的茶，茶、水、火、器四者缺一不可。这是因为饮茶器具不仅是饮茶时不可缺少的盛器，具有实用性，而且它还有助于提高茶叶的色、香、味。同时，一件高雅精美的茶具，本身还具有欣赏价值,富含艺术性。

品茶品茶,接下来就得说说这个“品”字了。品茶的目的不是为了解渴,而是重在养神。品茶是一种艺术的欣赏、生活的享受。品茶要在“品”字上下功夫,仔细体会,徐徐品味。茶叶要优质,茶具要精致,茶水要干净,泡茶时要讲究周围环境的典雅宁静。所以您不妨邀两三知己,围桌而坐,以悠闲自在的心情来品茶。

品茶虽好,但有些事情还是要注意的。比如,不要饭后马上就喝茶,这样不利于吸收;神经衰弱的人群、孕妇不要喝茶,病人也不要用茶来服药。这些大家可要记清楚了。

我们中国是茶的故乡,茶文化是中华五千年历史的瑰宝,如今更是风靡全世界。这不仅仅是因为喝茶对人体有很多好处,更因为品茶本身就是一种极优雅的艺术享受。

好了,感谢您收看今天的节目,我们明天再会!

主持提示:相比上一篇较为隐晦的材料,本篇材料的线索更加明显,只要按照一一对应的关系展开即可。本篇的一大亮点在倒数第三段,因为大多数考生容易一味地说“喝茶好”,但如果指出喝茶并不适合所有人,进行适当提醒,则显得更加人性化、更加贴心。

范例 2-13

请主持一档生活服务类节目,要求与“汽车”相关。

模拟主持:大家好,欢迎您收看今天的《快乐车生活》。随着社会的发展,人们的生活水平不断提高,很多年轻人开始准备买车了,但问题也接踵而至。买车可不是件容易的事,在购车之前有哪些东西需要了解和准备呢?在今天的节目中,我们就为有买车想法的朋友们介绍一些经验。

首先,最重要的一点,就是考虑好自己的购车预算,也就是经济能力。咱们先把购车金额设定在能接受的范围内,然后再将所有在此范围内的汽车列出来,这样才能根据有关资料进行对比、评估,选出心目中理想的汽车。

其次,就是根据自身的财务状况,决定车款是一次性付清还是分期付清。

如果想分期付款，那就要多打听几家银行的贷款利率，所谓“货比三家”，才能不吃亏。

再次，就是考虑一下个人的用车方式和习惯。你得想想：我家的车是跑长途多，还是短程多呢？如果时常跑高速路，那么应选择安全性高、速度快、较宽敞的车辆；如果时常在市区跑，则应选择省油、车身长度适中的款式。

最后，还有一点非常重要，那就是汽车的性能，如最大功率、操控稳定性和制动性，等等，这些都要了解清楚。汽车安全性能的重要性毋庸置疑，汽车的安全装置主要有车门安全防撞钢梁、ABS 系统、安全气囊和安全保险杆等，我们可以根据需要进行挑选。

另外，随着国家汽车排放标准越来越严格，新车主在经济能力允许的条件下，应尽量购买对环境污染较小的车辆。

其实，任何汽车都不可能是完美的，问题是如何权衡而已。当我们初步选定好车辆后，就要决定去哪一间车行买车。最好到指定的 4S 专卖店，或者是有相当规模及较长经营历史的车行，这样比较保险，可以避免不必要的麻烦。

看完今天的节目后，电视机前的您对于购买新车是不是没有那么疑惑了呢？那就赶紧去实地考察一下吧，愿您能早日拥有自己的爱车。好了，今天的节目就到这了，我们下期再会！

主持提示：本题的开放度较大，考生可以从购车、交通拥堵、工业设计、交通发展等角度展开。本篇的优点在于以汽车为核心，尽量扩大自己的话语范围。如何选车是收看汽车节目的观众最关心的问题之一，由此展开，条理清晰、贴近性强。

范例 2-14

请主持一档生活服务类节目，要求与“美容”相关。

模拟主持：观众朋友们，大家好，欢迎来到今天的《美丽人生》，我是主持人×××。在上期节目当中，我们给大家介绍的是如何保持好身材，那么在今天的节目中，我们要和大家分享几个美容小知识，让你更加年轻自信。

首先要给大家介绍的第一个美容小知识就是如何美白。俗话说，“一白遮三丑”,这是至理名言。尤其对于女性而言,白皙的皮肤是每个女人的愿望。可除了费心挑选美白产品外,想要美白,就必须掌握这些美白知识。第一,防晒。不防晒的人没有资格说美白。不管是涂防晒霜还是打遮阳伞、戴帽子,通通不能忘。第二,少吃糖。过分偏爱甜食会导致糖与皮肤中的蛋白质发生反应,进而加速皮肤衰老进程。第三,适当口服维生素 A、C、E,有助于防止曝晒和衰老对皮肤造成的伤害。

第二个美容小知识是补水。皮肤长时间处于枯燥缺水的状态很容易导致皮肤衰老,引起皱纹。因而,保湿补水十分重要。补水的第一步是清洁去角质——视自己的肌肤状况适度去角质。去角质时不一定要全脸进行,可以针对局部去除。判断肌肤何时、何处该去角质的简单方法如下:如果你觉得脸部肌肤变得粗糙、毛孔变得明显、有粉刺出现时,就该去角质了。补水的第二步是注意饮食,多吃富含油脂的食物,少吃辛辣刺激性食物。多喝水,多吃蔬菜水果,保持皮肤充足的水分。

朋友们,美容不是一下子就能见到成效的事情,它需要长时间的坚持。怎么样,今天的美容小知识你学会了吗?我相信坚持收看我们的美容小课堂,一定会让你更加年轻美丽。好啦!本期节目到这里就结束了,我们下期再见!

主持提示:本题除了以上角度外,还可以从饮食调理、化妆品的选择等角度来讲解。在模拟主持过程中,考生不要忘记语言表达的对象感,不然很容易变成自说自话、自娱自乐。

第三章　活动综艺类模拟主持

活动综艺类模拟主持的范围很广，大致可分为活动赛事类模拟主持和综艺娱乐类模拟主持两类。凡是涉及活动、赛事的主持都可归到活动赛事类，比如见面会、新书发布会、开幕式、演讲比赛、歌唱比赛、体育解说等；综艺娱乐类则主要包括各类晚会以及娱乐节目主持。

第一节　活动综艺类模拟主持策略

活动综艺类主持除了娱乐节目主持属于栏目主持外，其余均是非栏目主持，也可以说是特定情境主持。这种特定情境主持有几点需要格外注意。

一、定位情境、把控现场

考生抽到题目后，一定要对情境进行快速定位，然后调动自己的想象力，在脑海中布置情境，将自身融入进去。比如主持校运动会开幕式和主持春节联欢晚会就是两个完全不同的情境，它们的表达内容、表现方式、受众范围均不相同。因此，考生必须准确定位题目情境，什么场景、多少观众、多大范围都要心中有数，音高、音量根据现场人数以及现场气氛要有所不同。

主持不同性质的活动或晚会，需要运用不同的基调和语气，这在模拟主持考试时是十分重要的。如果基调把握错误,语气使用不当,那么即使内容再好也无济于事。语气是在具体思想感情支配下语句的声音形式,不同的内容应用不同的语气表达不同的思想感情。我们可以通过两个不同性质的晚会开场白来感受它们的差异。

“众志成城 抗震救灾”——《5·12汶川大地震赈灾晚会》的开场白(节选):

A:当生命遭遇不幸,当中国遭遇灾难。

B:一首儿歌感染着我们,一个女孩鼓舞着我们。

C:我们挺起胸膛,

D:我们展现的是中国的精神和人民的力量。

B:观众朋友、现场的各位来宾,这里是由中国扶贫基金会、凤凰卫视、黑龙江卫视、中国教育电视台共同主办的汶川大地震赈灾特别节目的现场。我现在是在北京的演播厅。

A:在我手里面有这样两条红色和绿色的丝带,红色丝带象征着我们和灾区的同胞血脉相连,绿色丝带的寓意是那么多不屈的生命。

C:是呀。血脉相连,生命不屈……

中央电视台《2020年春节联欢晚会》的开场白(节选):

(北京主会场)

A:全世界的观众、听众朋友们,这里是中国北京,各位正在收看收听的是中央广播电视总台《2020年春节联欢晚会》。

B:我们的晚会正在通过央视综合频道、综艺频道、中文国际频道、国防军事频道、少儿频道、农业农村频道、4K超高清频道,以及央广音乐之声、经典音乐广播、文艺之声、中国交通广播等央广国广各频道频率向全球同步直播。

C:又一个庚子鼠年如约而至,在这个华夏儿女阖家团圆的除夕之夜,在中华民族即将迎来决胜全面小康,决战脱贫攻坚的历史时刻,

D:我们向全国各族人民,向港澳台同胞,向海外华侨、华人,说一声

合:过年好!

(粤港澳大湾区分会场)

A:亲爱的观众和听众朋友们,我们在广东珠海粤港澳大湾区分会场,给大家——

合:拜年了!

B:一桥联三地,同心谱新篇。

A:此刻,港珠澳大桥、白海豚岛上的灯火已经亮起,粤港澳大湾区正加速起航,

B:这里歌声不绝,舞动不止;

A:这里激情似火,山欢海笑。

B:祝大家年年顺景,事事顺意,

合:心想事成,阖家安康!

从上面两篇不同性质晚会的开场白我们可以看出两者的主持是截然不同的:赈灾晚会的主持基调是严肃、沉重的,但同时又充满爱心与人文关怀,主持人的语气较为平缓、深沉,但同时又充满信心;春节联欢晚会的主持基调则是喜悦、欢快、高昂的,主持人的语气是兴奋、激动、高亢的。同样是晚会主持,由于晚会本身的性质不同,主持方式就存在很大的区别。因此,模拟主持时,定位情境、把握基调十分关键。

另外,正因为是特定的情境主持,现场感强,因此考生一定要有较强的控场能力,哪怕模拟主持时现场并没有观众,也一定要有面向人群的意识,让评委通过语言和气场感受到你的控场能力。这其中尤其要注意对语言的把握,因为这种活动综艺类的情境主持大多没有材料,都是话题性的题目,并且相对于栏目主持来说更讲究艺术美感,需要在较短的时间内想出一些与主题相关的比喻、排比等修饰性语句,对考生来说是一大挑战。除候考时冷静准备外,考生平时也应多做积累,将一些好的语句灵活运用到考试中。此外,如何衔接、如何过渡、如何将平时的积累与主题挂钩都需要考生自己去把控。

二、声音优美、举止得体

活动综艺类主持人或追求散文化、诗化的语言,或机智幽默给人以娱乐消遣,故感情起伏较大,语调抑扬顿挫,发音以悦耳的中音区为主。主持时,主持人一定要用气托声,使声音洪亮饱满,有穿透力。受现场环境因素的影响,如果声音没有气息的支撑、不够积极的话就会很散,不具备穿透力,自然也就无法吸引观众的注意,因此一定要以气托声。模拟主持时尽管现场不会有环境的模拟,但考生同样需要注意这一点,从而提升主持的整体感觉。另外,活动综艺类主持相较于其他主持而言是最能体现主持人情绪和情感的,主持人只有主动融情于声,以情带声,才能做到声情并茂。

在众多主持形态中,活动综艺类主持最需要注意非语言因素。主持人在台上的一举一动都体现了他的态度,表达特定的内涵。主持人一登场,观众首先不是听到其声音,而是看到其形象。站相就是主持人给观众留下的第一印象。主持人如果站姿挺拔精神,观众就会对其充满信心和期待;如果站姿松松垮垮,观众则会对其失去好感。因此,主持人上场要先站直、站稳,停三秒钟再开口说话,这样可以起到稳场、稳神、稳口的作用。考生在模拟主持时不妨也试试这种方法。当你站定后,心中默数三秒再开口,这样可以把注意力从紧张的情绪中解脱出来,使人思维清晰,将精力集中于主持的内容。

三、调动情绪、渲染气氛

情境主持都有特定的情境,无论是晚会主持还是活动主持,都是在某一现场进行的,这就要求主持人善于调动情绪、渲染气氛。这里说的调动情绪,一方面是指主持人调动自身的情绪,另一方面指调动现场观众的情绪。

首先,主持人调动自身的情绪就是指将情、声、气三者巧妙融合、调整到一个最佳状态,一开口出声便能吸引观众的注意力,让人有眼前一亮的感觉,主持的语言和状态要具有感染力。切记,在主持时声音响亮、情绪饱满并不意味着声音大，扯着嗓子喊，而是要以气托声、以情带声、以声促情。主持人只有先将自身情绪调整到积极饱满的状态，才能够感染和带动观众。其次，主持人还需要调动现场观众的情绪，从而营造一个良好的活动氛围。若是赛事解说则要调动电视机前观众的情绪，为观众营造一个良好的观赛氛围，使其有身临其境的现场感。

第二节　活动综艺类模拟主持范例详解

一、活动赛事类节目主持

范例 3-1

请为“舞动青春”演讲比赛设计开场白。

模拟主持：尊敬的各位评委、亲爱的同学们，大家下午好！欢迎来到“舞动青春”演讲比赛的现场。

青春究竟是什么？

也许你会说，青春是旁若无人的尽情舞蹈，青春是傲视一切的疯狂臆想，青春是日夜挥霍的及时享乐，青春是初生不怕虎的牛犊。

但，青春难道仅仅就只是这些了吗？

不，青春是整个人生旅程中最绚丽、最奇妙、最灿烂的一站。

青春是遇到艰难险阻时坚持不懈的勇往直前，

青春是“海阔凭鱼跃，天高任鸟飞”的豪言壮举，

青春更是放下浮躁，永不停止追求梦想的执着！

是的，青春是我们一生中最美丽的季节，她充满诗意又不缺乏拼搏的激情，时尚浪漫而又饱含着奋斗的艰辛。

是的，青春对于每个人来说都是绚丽的一笔。今天就让我们在这里舞动青春，让青春飞扬！接下来我宣布，××学校“舞动青春”演讲比赛现在开始！

主持提示：活动赛事类主持有一些固定的开头语和结束语要注意积累和记

忆。相对来说,活动赛事类语言表达的固定模式比较多,需要运用排比句造势和烘托氛围。另外,此类主持更强调实用性,所以结束语要注意点明表达目的,即某某活动开始或某某活动结束。很多考生容易过多关注主题内容而忽视最后的结尾。本篇主持词前后呼应得当,前面进行了设问:“青春究竟是什么?”后面给出了答案:“青春是我们一生中最美丽的季节。”

范例 3-2

请为读书会设计开场白。

模拟主持:同学们好,欢迎大家参加今天的读书会。

冰心曾经说过:“读书好,多读书,读好书。”富兰克林也说过:“读书使人充实,思考使人深邃,交谈使人清醒。”今天,我们的读书会就以“同读一本好书,共享读书快乐”为主题,走进好书的世界。

在中国的文学宝库中,有这样四部经典书籍被人们称为“四大名著”,它们就是《三国演义》《水浒传》《西游记》《红楼梦》。其中,《西游记》可能是我们都比较熟悉的一部,它被拍成了电视剧,制成了卡通片,绘成了连环画,在中国几乎是无人不知、无人不晓,而原著更是值得仔细品读。

人们都说人物是小说的灵魂。在这部神魔小说中,吴承恩塑造了一系列生动的形象。主人公是唐僧师徒,唐僧是凡夫俗子,而孙悟空、猪八戒、沙僧都是神性、人性、动物性的和谐统一。吴承恩以鲜活典型的形象、丰富奇特的想象、曲折生动的情节、诙谐幽默的语言,为后人奉上了一部经久不衰的神魔大作。

今天,就让我们一起再到《西游记》的世界中走一回。我们的规则是这样的:首先根据序号的先后顺序,以四人为一组进行交流,时间为 20 分钟,大家可以畅所欲言,讨论任何有关《西游记》的话题。然后请每个小组派一名代表上台,与大家交流本组的读书心得,与大家一起重温《西游记》的魅力。好了,话不多说,赶快让我们进入《西游记》的神话世界吧!

主持提示:首先,恰当的名人名言作为模拟主持的开头不仅能起到点明主题的作用,还能体现出考生扎实的文学功底。在这里,冰心和富兰克林的名言就非常适合读书会的主题。其次,主持时不能忽视开场白的实用性,第四段就是将话题引导到《西游记》这本书，起到启发大家思路的作用。引导时，要格外注意所选对象的典型性。

范例 3-3

请为一场拔河比赛做即兴解说。

模拟主持：同学们好！校园电视台正在为你直播高二年级的拔河比赛，下面就让我们跟随镜头去操场上看一看吧！

经过激烈的角逐，一班和三班即将争夺最后的冠军，到底谁能取得胜利呢？让我们拭目以待。现在，趁两班队员休息之际，我先来为大家分析一下两班的情况。

先看三班。个个又高又壮，身材魁梧。特别是最后一个男生，人高马大，从手臂上的肌肉一看就知道是"练家子"，他可是三班的"镇班之宝"，再加上众人的力量，三班的实力不容小觑。再观察一班，也是人人都摩拳擦掌，跃跃欲试，显得雄赳赳、气昂昂，看起来与三班旗鼓相当。看来，今天的比赛会很激烈。

比赛开始了。现在两班队员是势均力敌，双手都紧紧攥着绳子，身体往后弓，重心下沉，眼里流露出必胜的决心。现在绳子中央的红绸带在慢慢地往三班那头移动了，一班似乎有些着急了，队长正在跟队员小声地说着什么。好的，我们现在可以看到，一班正在加力了，红绸带又往回移了。三班见势不妙，也紧张起来，目前场上已经进入了高潮，队员们个个使出吃奶的力气，双手像大钳子一样死死地拉着绳子，眉毛都要竖起来了，双眼紧闭，不时"吼"几声，为自己加油，队员们脸都涨得通红了。现在不仅场上比得热烈，场下的啦啦队员们也看得着急，都激动地挥舞着双手，跳着喊着："加油！加油！"呐喊声、加油声此起彼伏，回荡在操场上。

"两军相逢勇者胜"，关键时刻比的不仅是体力，更是意志。队员们，坚持住！场上形势突然出现了变化，红绸带往一班那边移动了，三班好像有些坚持不住了。好的，一班同学们抓住了机会！死死地将绳子往后拉，红绸带马上就要越过他们的白线了，一班队员向最后的胜利发起了冲击！一班啦啦队的加油声也越来越大，震耳欲聋！只差一点点了，红绸带马上就要越过白线了！红绸带越过白线了！一班终于取得了胜利！他们欢呼雀跃,啦啦队员们一拥而上与场上队员们拥抱在一起,而三班的同学则有些垂头丧气。其实今天三班同学的表现同样十分精彩,同样为他们鼓掌。友谊第一,比赛第二！今天的拔河比赛到此就全部结束了,谢谢大家。

主持提示:首先要注意审题,题目要求是即兴解说,因此应适当突出现场感。其次要注意前后一致,本篇的传播渠道是校园电视台,所以应突出画面中的重点部分。最后是制造悬念,用细节提起观众兴趣。比如本篇第四段善于抓住比赛中的矛盾,先是制造悬念,后是细节描写。“现在两班队员是势均力敌,双手都紧紧攥着绳子,身体往后弓,重心下沉,眼里流露出必胜的决心。”让观众的心都为比赛悬着,从而继续观看比赛。

范例 3-4

假如你是“领先杯”红色诗词朗诵总决赛的主持人,请为比赛设计开场白及结束语。

模拟主持:

开场白:

七月,是历史的纪念碑,凝聚着共产党人执着的追求;

七月,是辉煌的交响乐,奏响了共和国壮丽的华章。

九十九年,中国共产党高举明灯,指引我们前进的方向;

九十九年,中国共产党执掌舵轮,引领我们前进的航程。

九十九年,中国共产党经历了风风雨雨,一步又一步走向壮大;

九十九年,中国共产党历经了浴血奋战,一年又一年走向辉煌!

尊敬的各位领导、各位来宾,亲爱的朋友们,大家好!

为了隆重纪念中国共产党成立九十九周年,“领先杯”红色诗词朗诵大赛前不久在全省范围内拉开了帷幕。经过层层选拔,共有十名优秀选手脱颖而出,来到了今天总决赛的现场。

比赛之前,请允许我向大家隆重介绍今天莅临比赛现场的各位领导和嘉宾,他们是××、××……欢迎大家的光临!

好的，比赛马上开始，在此我们也预祝各位选手能取得优异的成绩。首先有请一号选手××，他朗诵的作品是《七律·到韶山》，有请！

……

结束语：

七月的骄阳如火如荼，把豪放的热情铺满大地；

七月的党旗光芒万丈，把真挚的关爱洒满人间。

鲜红的党旗经历了九十九个春秋，更加光芒四射；

庄严的党徽经历了九十九载的锤炼，更加光彩夺目。

朋友们，在举国欢庆的日子里，让我们共同祝福，祝福我们伟大的党更加辉煌，祝愿我们伟大的祖国繁荣昌盛！

尊敬的各位领导、各位来宾，亲爱的朋友们，纪念中国共产党成立九十九周年"领先杯"红色诗词朗诵总决赛到此结束！朋友们，再见！

主持提示：注意开头审题，"红色"代表爱党爱国的定位，"总决赛"是对比赛进程的交代，这两点决定了语体的高度和力度。开场白和结束语排比句的运用增强了语势，给人以庄严、大气、厚重的感觉。但同时也要注意抒情时避免掉进"假、大、空"的陷阱，在抒情中加入对历史事件的回顾可以有效避免这种情况出现。

范例 3-5

请设计一则校园歌手大赛的开场白。

模拟主持：老师们、同学们，大家晚上好。欢迎大家来到本届校园十佳歌手大赛的决赛现场。

首先，请允许我介绍出席本次晚会的评委和嘉宾，他们是××、××……，让我们用最热烈的掌声欢迎他们的到来。

这是一个竞技场，是校园歌手们展现自我的一个平台；

这是一个训练营，是放飞梦想、突破自我的一个舞台。

这是才艺的较量，更是信心和勇气的比拼；

这是激情的燃烧，更是动感与活力的绽放。

今晚我们相聚于此,选手们将用一个个优美的音符、一首首动人的歌曲为在座的各位献上一场美妙绝伦的视听盛宴。

经过近两周的激烈角逐,最终有10名优秀的选手从近200名参赛选手中脱颖而出,站在了今晚的比赛现场,让我们共同期待他们的精彩表现。

好了,话不多说,接下来就把时间交给我们的选手,希望他们在今晚能赛出个性、赛出水平。首先有请第一位选手上场,他带来的曲目是……

主持提示:这篇主持词将艺术性表达与口语化表达相结合,前面几段艺术性较浓,后面两段则比较生活化、口语化,这种表达方式在现在的活动主持中比较常见。主持人要具备衔接意识,为了保持主持的连贯性,最后的串联是必要的。倒数两段可以说是"万金油"段落,但凡比赛性质的主持均可使用。

范例 3-6

请为高中毕业典礼设计开场白。

模拟主持:时光飞逝,岁月荏苒。三年的征途,是光荣的荆棘路,带着梦想与期待,我们一路走来。

此时此刻,站在希望的门前回首张望,那一路的荆棘竟然都变成了盛开的玫瑰。

三年风雨,三年欢笑,三年奋斗,三年成长。

三年来,我们从懵懂走向成熟,从无知走向理智,从浅薄走向充实;

三年来,我们内心充满了感动与感恩,我们要感谢母校,感谢父母,感谢同学,更要感谢老师。

或许我们曾经迟到,曾经在您的课上走神,因为不守纪律让您生气;

或许我们曾埋怨过您的严厉,埋怨过您的唠叨,因为冲动不敬让您寒心;

或许我们曾不听劝诫,一意孤行,因为幼稚任性让您担心。

然而,请老师们相信,今天的我们从风雨中走过,我们正一点一滴地理解您深夜备课的艰辛和愿铁成钢的苦心;

我们更懂得您寓意深远的教诲和盛满关爱的劝慰,人生最重要的三年有您陪我们走过是我们一生的幸运。

在母校最后的日子里，在这熟悉的操场上，我们要演绎最美丽、最动人的告别。

现在我宣布："青春绽放，梦想起航"毕业典礼现在开始！

主持提示：类似于毕业典礼这种具有特殊意义的典礼或仪式，既要保持基本的仪式感，又要通过抒情来引起观众的共鸣。这篇主持词就很好地运用了具有仪式感的语言带领大家回忆校园生活，表达了对母校、老师和同学的感恩以及依依不舍之情。

范例 3-7

请为"关爱留守儿童"慈善募捐活动设计开场白。

模拟主持：尊敬的各位领导、各位来宾、各位充满爱心的朋友们，大家晚上好。欢迎各位来到"关爱留守儿童"慈善募捐活动的现场，我是×××，非常荣幸担任今天的主持人。

少年儿童是祖国的未来、民族的希望。假如你有孩子，你一定希望他健康成长；假如你有孩子，你一定希望他幸福快乐；假如你有孩子，你一定希望他能自由地享受阳光、雨露和爱。

当你带着孩子漫步街市享受天伦之乐的时候，当你陪着孩子紧张备考挑灯夜战的时候，当你为了孩子这样那样的小毛病心急上火的时候，你是否意识到，你的孩子是多么幸运！

我们的身边分布着这样一群孩子：他们小小年纪，却因为父母不在身边而缺失亲情；他们渴望家庭温暖，却只能忍受孤独的煎熬，他们有一个特殊的名字：留守儿童。

关爱留守儿童，共建和谐家园，是我们共同的责任。今天，我们在这里举行"关爱留守儿童"慈善募捐活动，就是要在全社会营造关爱留守儿童的浓郁氛围。

下面让我们用热烈的掌声有请××慈善总会会长×××先生为本次活动致辞。

（会长致辞）

谢谢会长,以关爱融解冷漠,以真诚呼唤真情,以勇气挑战困难,以行动实践所能。我想这是对每一个慈善机构、每一位慈善家最好的诠释。

留守儿童,一个酸楚的名词,它代表着中国千千万万缺乏家庭温暖的孩子,那么他们平常的生活究竟是怎样的呢?让我们通过一段 VCR 一起来了解一下。

主持提示:“慈善募捐”这类题材的活动具有一定的目的性,主持人不仅要介绍活动的简单流程,更重要的是传播活动的意义,渲染气氛,达到活动举办的目的。题目中的慈善募捐活动的最终目的是希望更多的人募捐善款帮助留守儿童,所以主持人要着重表达留守儿童的特殊性,以唤起大家的同情心。本篇主持词不仅很好地渲染了现场气氛,还非常巧妙地引出下一个观看 VCR 的环节,值得我们学习。

二、综艺娱乐类节目主持

范例 3-8

请设计一段中秋晚会的结束语。

模拟主持:中秋节,经常被人们喻为最有人情味、最具诗情画意的节日,都说每逢佳节倍思亲,中秋节的这一份思念当然会更深切。古往今来,人们常用月圆、月缺来形容悲欢离合,而今晚的月亮这么圆,相信普天下的家庭都能和和美美。

中华民族五千年的灿烂文化俯首可拾。英勇射日的后羿、神秘美丽的嫦娥、伐树不止的吴刚、善良可爱的玉兔,点点滴滴都串成经典。中秋的传说、节日的习俗数不胜数,节日的快乐更是通过你我传向海角天涯。

今夜,我们相聚在这里,弹琴歌唱、吟诗诵读、赏月品茶。

相聚的时光总显短暂,不知不觉,3 个半小时在谈笑间轻轻滑过,愉悦的歌声仍回荡在我们耳边,快乐的鼓点还敲响在我们上空。

“海上生明月,天涯共此时。”朋友们,请捧着我们诚挚奉上的清茶,让我们为今天——为我们的相聚干杯!

祝福所有的朋友们家庭幸福、平安、快乐，永远团团圆圆！亲爱的朋友们，中秋晚会到此结束，我们明年再相会！祝大家晚安。

主持提示：主持此类文化气息浓厚的节日晚会，基本上都可以从节日发端为切入点，主持人要将感情沉浸在节日的氛围中。关于中秋节的诗句有很多，因此选取诗句的空间相对较大，主持人需准确记忆。同时，主持人还可以简要地对晚会内容进行回顾式总结。最后结尾不要忘了给大家送去祝福，体现人文关怀。

范例 3-9

请为晚会中的两个节目设计一段串词：歌曲《最浪漫的事》与魔术表演《星空》。

模拟主持：谢谢，谢谢两位歌手的精彩演唱。欣赏完了一首非常好听的《最浪漫的事》，我仿佛看到夕阳之下，白发苍苍的自己和老伴彼此依偎、相互搀扶的画面。回想起刚刚这首温馨的歌曲，在七夕这个特殊的日子里，我想有更多的人会感受到身边的幸福。

七夕让恋人懂得珍惜，让擦肩而过的人懂得回忆，让向往的人充满期待。七夕，像一位清丽的女子，轻蹙着蛾眉，明眸中带着淡淡的哀怨；又像一个故事，诉说着恋人的耳语。七夕的夜晚美丽而灿烂，你可曾想默默许下的心愿，在流星滑过天空的一刹那，或许就能实现呢？这可不是神话，接下来就是见证奇迹的时候了，请欣赏魔术表演《星空》。

主持提示：这一类题目较为常见，考生应从题干入手，明确情境是“晚会”，语言样态应当高于生活用语，然后找到《最浪漫的事》和《星空》二者之间的联系。本篇从画面感入手，想象浪漫的爱人相互陪伴，通过“七夕”这一联系物搭到“星空”上来。可以看出，组织这样的串词，最重要的是找到共性，设定连接点。

范例 3-10

请主持一期与明星有关的娱乐类节目。

模拟主持:欢迎来到《娱乐无极限》,大家好,我是××。今天,让我们把目光放到音乐圈。就在前几天,我们非常喜欢的歌手周杰伦来到了广州。周杰伦不但可以说是音乐天才,而且篮球打得也相当不错。就在去年的七月,周杰伦就携队友和NBA球星一较高下,为咱们中国青少年发展基金会募集到200多万元善款。同时,为了考察善款的使用情况,周杰伦又来到湖南汨罗的智峰乡希望小学探访。周杰伦的意外出现,让智峰乡的小朋友们一片欢呼。在短短的时间里,周杰伦就变成了"孩子王"。孩子们在接受采访的时候说,周杰伦哥哥是音乐天才,如果能得到他的指导,那可就太好了!周杰伦果然没有让小朋友们失望,他兴致勃勃地给小朋友们上起了音乐课,讲解了简单的音乐基础和音乐常识。当然,小朋友们也有精心的准备,和周杰伦哥哥一起合唱了一曲《稻香》。

相聚的时光总是短暂的。临别前,周杰伦祝福智峰乡的小朋友们都健康快乐地成长,而且真诚地告诉他们一定要有一颗感恩的心,在未来的日子里,一定要多多帮助那些需要帮助的人。其实不仅是那里的小朋友需要懂得这些,我们在生活中也应该怀着一颗感恩的心。

好了,这就是今天节目的全部内容,明天的《娱乐无极限》我们不见不散喽!我是××,拜拜!

主持提示:首先,注意审题,所找的话题和人物应该关于"明星";其次,节目样态是"娱乐类",所以应当注意语言表达的自然度、流畅度和明快度。本篇的话题是周杰伦做公益,既有大家耳熟能详的明星,又有积极向上的内容。文中用到的"不见不散喽!我是××,拜拜"等青春明快的语言,是亲切自然的娱乐类节目主持的常用语。

范例 3-11

请主持一档音乐类节目。

模拟主持:亲爱的观众朋友们,大家晚上好,欢迎您准时与我们相约本期的《音乐之声》,我是主持人××。

如今,看电影已经成了很多人休闲娱乐的一种方式,可以说,电影对于我们的生活是如同知己一般的存在。而一部优秀的电影只有在优秀的音乐的烘托下才能更加饱满、充满灵性。随着电影的发展，电影配乐也出现不少经典之作，就像《泰坦尼克号》中的 *My Heart Will Go On*、《海上钢琴师》中的 *Playing Love* 等都是我们耳熟能详的经典音乐。那么这一期的《音乐之声》，就让我们一同走进宫崎骏的《天空之城》吧！

宫崎骏的作品虽然题材不同，但都将梦想、环保、人生这些引人反思的问题融合其中。他的这份执着不仅令全世界的人们产生共鸣，更深受大家的喜爱。其中动画片《天空之城》的同名配乐也因为电影的流行而广为传播。这首曲子以钢琴、小提琴为主要元素，成为多年来最为流行的纯音乐原声曲目之一。优美醉人的旋律迷倒了无数个听这首曲子的人，使得每个人心目中深藏的那座夜空云层之上的天空之城都更加明晰。我们甚至可以说，没有这首音乐，电影会丧失很多魅力。

听完我的介绍之后，相信您已经迫不及待地想去听这首曲子了吧。下面就让我们共同来欣赏那漂浮在夜空云层之上的《天空之城》吧！

主持提示：注意审题，题干中指的是“音乐类节目”而不是“音乐人”，所以考生不要只对某一个歌手进行分析，而要侧重于对音乐作品进行分析。这一类题目需要一定的音乐素养。同时，“审美的能力决定创造美的能力”，这也是考官考查考生审美能力的好时机，因此大家在主持时尽量不要选择过于通俗的“口水歌”，而要选择一些经典、有内涵的音乐作品。

范例 3-12

请根据以下材料设计一段《朗读者》的开场白。

余秀华，出生时因缺氧导致“脑瘫”，致使行动不便。她 2009 年开始写诗，成为 20 世纪 90 年代以来中国唯一一个诗集销量超过十万册的女诗人。余秀华曾说：“我希望我写出的诗歌只是余秀华的，而不是脑瘫者余秀华，或者农民余秀华的。”

模拟主持：大家好，欢迎各位收看本期的《朗读者》。我们这一期的主题词叫作“生命”，我希望可以将这个主题词更加地延展——生命的坚持。生命的坚持有时是一份执着,有时是最坚强的一股力量。“人生自古谁无死,留取丹心照汗青。”这是文天祥对于爱国奉献的坚持。“无臂女孩”杨佩因为小时候误触高压电线,失去了臂膀,但是她用生命的坚持谱写了自己最美的歌,成了一名优秀的舞蹈演员。

在今天的节目里面,我将跟大家聊一聊关于一位女诗人与生命的坚持的故事,她就是中国的女诗人余秀华。可能提到诗人,我们往往不会跟脑瘫联系起来,可是泰戈尔曾经说过:“上天就是为了磨炼你的意志,所以才会在道路当中设下重重的困难。”徐志摩也说过:“如果你想攀登高峰,那么彩虹一定不是最好的梯子。”我想生命很大的意义就在于我们为理想而坚持,为自我而坚持。

今天余秀华将为我们朗读她自己的诗——《我们爱过又忘记》。2009 年,《诗刊》发表了余秀华的诗,很多人对她的评价是脑瘫、农民,但她说了这样一句话:“我的诗是余秀华的诗,不是脑瘫者余秀华的诗,也不是农民余秀华的诗。”我想人生又何尝不是一本书呢?我们既是作者,也是读者。我们在读别人的故事,也在读自己的故事,而余秀华的这本书写了她对于生命的理解和那一份爱与痛的坚持。

接下来,就让我们掌声有请今天的朗读者——余秀华。

(改编自《2019 央视主持人大赛》文艺类选手李爽参赛作品)

主持提示:“生命”是一个很庞大的主题,我们应该找到一个小切口,这篇主持词就很好地把握了生命坚持的意义。由生命的坚持引出嘉宾余秀华,再介绍余秀华诗人的身份。适当地引用一些名人名言,可以更好地帮助观众了解嘉宾。结合《朗读者》的节目定位,主持时不需要像娱乐类节目那样活泼明快,应该像讲故事一样娓娓道来。

范例 3-13

请根据以下关键词设计一段《中国诗词大会》的开场白。

关键词:柳树、红豆、月亮

模拟主持:“枕上诗书闲处好,门前风景雨来佳。”大家好,这里是《中国诗词大会》。今天在我们的节目现场出现了三幅图片,图片上分别是柳树、红豆和月亮。这三种事物其实代表了中国人对于三种不同情感的描绘。“临别赠柳盼人留。”这是李白送给友人的不舍。“红豆生南国,春来发几枝。”颗颗红豆如同泣血相思泪,亦如王维笔下的“愿君多采撷,此物最相思。”其实这绝不仅仅是描绘爱情,而是很多中国人对于相爱之人的殷殷思念。“秦时明月汉时关,万里长征人未还。”“月上柳梢头,人约黄昏后。”“露从今夜白路,月是故乡明。”头上的这一轮明月呀,被多少代人传诵,又寄托了多少中国人的情感和思念。

可是假如没有诗词,我们今天似乎很难找到更加优美生动的句子来描绘这三种事物了。中国古诗词的力量和情感可以穿越千年而丝毫不减,这到底是为什么呢?我想所谓人生体验无非就是眼前所见和心中所想,眼前为物,心中为我。而诗词恰好就是我们的文化当中连接物我的一个最为独特的纽带。王国维先生曾经说过,“一切景语皆情语”。中国诗词既可以将我们看到的事物转化为情感,壮丽如“会当凌绝顶,一览众山小”,清幽如“采菊东篱下,悠然见南山”;也可以反过来,将我们内心的情感转化为画面,激昂如“驾长车,踏破贺兰山缺”,哀怨如“无言独上西楼,月如钩”。中国诗词就这样在千年之间记录着时光和感受。而当千年之后,物我两空之时,我们依然能够通过这些描绘柳树、红豆和月亮的诗词,与诗人、词人产生共鸣,我想这就是诗词真正的魅力所在。而其实这样的感受力,早已深藏在我们每一个中国人的文化基因当中,《中国诗词大会》就是要将这一些遗忘唤醒,让人们重新感受诗词之美。今夜,让我们继续诗酒趁年华!

（改编自《2019 央视主持人大赛》文艺类选手李七月参赛作品）

主持提示:《中国诗词大会》顾名思义是一个与诗词有关的文化类节目,主持人对诗词的运用尤为重要,但需要把握一个度,既要有储备量,又不能让人感觉是死记硬背,要自然而然,就像上面的主持一样,对诗词的运用恰到好处,用相应的诗句阐述题目给出的意象。这类节目的语言表达以讲述风格为主,可根据内容适当变化,尤其要注意语言的美感。

第四章　现场出镜类模拟主持

现场出镜类模拟主持即现场报道，是指记者或主持人通过镜头在新闻事件现场进行的报道。艺考中，现场出镜类模拟主持主要有三种考查形式：一是预知性事件报道，二是突发性事件报道，三是民生新闻报道。

第一节　现场出镜类模拟主持策略

预知性事件报道是与突发性事件报道相对的，它是指通过对现有材料的分析，对未来可能发生的新闻事件进行推论的新闻报道。

突发性事件报道顾名思义是指对人们缺乏思想准备的事件，即不可预知的突然到来的事件进行报道。通常包括突发性大型公共事件和突发性小型事件：突发性大型公共事件一般是指突然发生的、具有重大影响力的、危及公共安全的紧急事件，比如汶川大地震、新冠肺炎等；突发性小型事件是指车祸、火灾等较小范围内的不可预知事件。

除此之外，现在基本上所有的民生新闻节目都含有出镜报道。尽管有的预知性事件和突发性事件也属于民生新闻的范畴，但这里的民生新闻报道指的是与民众生活息息相关的非大型事件的出镜报道，与上述预知性事件报道和突发性事件报道在影响力和重大程度上存在着区别，因此本书将民生新闻报道单独分为一类。

那么怎样才能较好地完成一次现场报道？如何让现场报道更出彩呢？以下几招是关键。

一、强调现场、生动描述

现场报道一定要强调现场感，要带领观众去感受现场，通过你的报道让观众有身临其境的感觉，否则就失去了现场报道的意义。换句话说，现场报道时，记者在用事实说话的同时，还需要强调现场、生动描述。

要做到强调现场、生动描述，最重要的就是充分调动感官，以唤起观众的情感。因此考生在做现场报道时，一定要根据材料和题目进行合理联想，尽量在脑海中还原现场，寻找自己置身于事件现场的感觉。另外，正因为观众没有到达现场，无法了解现场的状况，所以你要善于调动各种感官系统将自己“看到”“听到”“闻到”“摸到”的情况都描述并展示给观众，这样你报道的内容才能被观众生动感知，才能增强现场感。举个例子，载有化学药品的货车翻车，材料泄漏，散发出难闻的气味。记者在现场就要将具体的气味形容出来，比如“在这里我能闻到一种很刺鼻的气味，有点像臭鸡蛋的味道”。这样观众就能知道究竟是一种什么气味了。如果光说一股很浓的刺激性气味，观众是无法具体感知的。

以下是 2013 年 4 月四川省雅安地震中成都电视台 SNG 连线时，记者的一段现场报道。记者在连线中将他在现场看到的情况、亲身经历的感触以及在一段时间内观察到的变化做了非常详细的介绍和描述，带领观众去观察现场，让观众对现场当下以及前后对比情况有了一个较为清晰的了解，做到了“强调现场、生动描述”。

我们现在所站的位置是雅安市芦山县人民医院的后院，我们左右两边的这些建筑在这次地震当中受损都十分严重。我们来看后面的这栋楼，一楼、二楼、三楼，我们可以看到每一个连接的地方都有地震撕扯之后的痕迹，现在建筑物里面都非常危险。今天来到现场的时候，我们有感觉到很明显的余震，就像整个大地一起向上跳了一下，然后不断地震动。这样的余震发生了 4 次左右，所以现在所有的人员出于安全的考虑,必须在我身后这个临时搭建起来的病区进行救治。好消息是在我们到这儿的近一个小时当中,后面临时救灾储备的帐篷已经搭设完毕了,这个对于伤员的抢救来说非常重要。因为现在的雅安太阳很大,很多伤员被砸甚至有体液的损失,这种时候这样的太阳可能会让他们更不舒服,所以让伤员能够在相对能遮阴的地方进行救治是非常重要的。现在这个治疗点的情况还有一点变化,就是在我们刚刚来的时候看到很多的医护人员更像是处在一个应急的状态,有了伤员就会冲上去先帮他清创或者消毒。而且现在已经有了一些科室的划分,医护人员开始逐渐建起了一个接诊的流程,在大震之后这样的一个应急的反应还是十分必要的。在现场,我们也看到水之类的基本物资还是充足的,但我们也希望其余的救灾物资能够及时送到。

和主持社教服务类节目一样,考生主持现场出镜类节目时要将一些难懂的数据或专业词语用观众能够轻松理解的方式描绘出来。汶川地震时,在唐家山形成了堰塞湖,堰塞湖经过多方应急抢险,坝顶终于被削低 2 米。光靠摆数据观众无法很好地理解,白岩松就采取了示范对比的方式:“我的身高是 1.79 米,我给大家演示一下。”通过对比,电视机前的观众就能清晰地感受到被削低的水面高度了。

二、分清主次、善用细节

现场报道的逻辑感是非常重要的,主持人要做到条理清晰、表达流畅。考生在考试时如果思维混乱、没有逻辑的话很难得高分。现场报道的模拟主持题目大部分都会提供材料,考生必须以材料为基础,快速找出重点,即观众最需要知道、最想知道的信息是什么。通常情况下,考生可以简单介绍一下“新闻五要素”,即何时、何地、何事、何因、何人,帮助观众了解信息。这里需要特别注意的是,在突发性事件报道中,如有伤亡情况一定要进行说明,还有交通状况,有没有进行交通管制等这样的信息都应该提及。一方面这往往是观众最迫切希望了解的信息,另一方面这也是人文关怀的一种体现。

此外,现场报道切忌泛泛而谈,在描述了整体状况后便可从细节入手。考生可在材料中找到一两个有价值的细节作为突破口，以小见大，用事实说话。这样不仅能使报道生动、深入，并且独具一格。

我们举一个具体的案例进行分析。下面是一组记者的现场报道，报道的是2013年2月发生在四川仁寿县的一起车祸。整个现场报道分为三段：

第一段：

我现在是在仁寿县的宝飞镇，在我身后的这条公路上面可以看到停了一辆绿色的客运车。这辆车的车头已经完全变形了，而且它的前挡风玻璃也不复存在了。据我们了解，在今天中午十二点多的时候，这辆车是在这个位置发生了翻车事故。当时这辆车就是从我现在手指的这个位置翻下了路面，直接坠到了下面。据了解，这辆车是从仁寿开往汪洋的客运车辆。

（现场采访同期声，提到了人员伤亡情况）

第二段：

车辆发生事故时就是从我左手边这个路面翻落下来的，我们可以看到，这个地方的落差大概有四米，而这辆客车翻落下来之后也在地面砸出了一个大坑。在这个坑的旁边，还有很多车上的座椅垫以及杂物散落，而从客车坠落的位置再往下走七八米，我们看到了车子的前挡风玻璃以及很多车上乘客的杂物，上面还有很多乘客留下的血迹。

（现场采访同期声）

第三段：

可以看到被吊上来的这辆客车上面非常凌乱，而且我们注意到一个细节，在我这个位置，这辆车的座椅背应该是受到重力的冲击已经变形了，已经推不动了，是完全前倾的一个状态，我们可以猜测一下当时这辆车在撞下去的时候力度是多么大。同时我们也注意到这辆客车的座椅非常陈旧，而且每一个座位都没有看到安全带。

这名记者实际上就是按照信息的轻重缓急来报道的，条理清晰、逻辑感强，抓住了观众的心理，按照顺序介绍了观众最想知道的信息。首先，记者在第一段交代了事故发生的地点以及现场看到的情况，包括了解到的事故信息和事故发生的大致过程。随后用同期声展示了目击者对事故发生时的状况所做的描述。

其次,记者在第二段出镜时继续补充描述在现场观察到的信息,比如"地面砸出了一个大坑""前挡风玻璃以及很多车上乘客的杂物""上面还有很多乘客留下的血迹"等,这些现场信息有助于从侧面反映出事故的严重程度,是用事实说话的一种体现。

最后,记者通过在现场观察到的细节来推测车祸的一些情况:"同时我们也注意到这辆客车的座椅非常陈旧,而且每一个座位都没有看到安全带。"这句话从侧面体现了记者的某种态度和猜测,表明车子本身存在安全隐患,这也是导致人员受伤的原因之一。记者用这样的细节报道,更具说服力。另外,此次事故的人员伤亡情况是在记者采访目击者的同期声里提到的。这是考生要注意的,考试时没有采访环节,考生一定要在报道中介绍人员伤亡的情况,最好是在报道的前面部分提及,因为这是观众最想知道的信息。

除了上述几点之外,有的现场报道会在最后对事件做一个总结性评论,它是体现报道水平的一大亮点。但就模拟主持考试而言,总结性评论并不是必需的,考生可以量力而行。毕竟对考生来说,要在那么短的时间内完成高水平的报道和高质量的评论确实有难度,所以考生可以视自身情况以及材料情况而定。总而言之,如果考生能掌握好前面提到的几点方法,那么无论是何种类型的现场报道都能基本驾驭了。

第二节　现场出镜类模拟主持范例详解

一、预知性事件报道

范例 4-1

请根据以下材料,完成一次现场出镜报道。

由于今年的中秋节和国庆节时间较近,小长假前夕,全国铁路客运量出现大幅增加。铁道部假日办的数据显示,9 月 27 日至 10 月 1 日,全国铁路累计发送旅客3970万人次，同比增加949.8万人次，同比增长13.4%。从各铁路局的情况来看，武汉铁路局同比增幅最高，达到31.1%；南昌、济南和上海铁路局紧随其后，分别达到23.4%、19.5%和19.2%。全路18个铁路局(公司)中有9个同比增幅超过10%。短途旅客增加非常明显，中短途旅客4日是398.6万人次，同比增长10.3%，而长途旅客增长了1%，

“两节”期间，学生流、探亲流、旅游流、务工流等多股客流叠加，自黄金周运输启动以来便呈现阶梯上升趋势且始终居高不下。客流在9月29日迅速攀升至812.4万人次，至10月1日，连续3天在700万人次以上高位运行，比去年同期增加7天。其中，10月1日全国铁路单日旅客发送量首次突破900万人次，达到914万人次，比去年国庆高峰日增加了46.1万人次，同比增加了10.1%，创铁路单日旅客发送量新纪录。

目前车票销售最紧俏的地区是新开的成渝和宁波到温州这两条线，未来两天短途出行和部分返程客流将会形成对流，所以铁路局增开的临时客车一直维持在200列以上，和高峰日差不多。线路方面，北京主要是开往唐山、秦皇岛、太原、石家庄和上海、哈尔滨、南京、长春等方向；上海主要是开往长三角地区的一些城市；江西则主要加开了九江到上海、景德镇到武夷山等地的临时旅游专列。这些线路都已经公布在各铁路局的网站上了。

模拟主持：你好主持人。我现在所在的位置是北京西站的售票大厅，虽然今天已经是十月二号了，但是我们依旧可以从镜头中感受到人山人海。尽管现在才早上七点半钟，但售票窗口已经排起了很长的队伍。

我手中拿的是铁道部假日办刚刚统计的一组数字，昨天全国铁路单日旅客发送量首次突破900万人次，达到914万人次，同比增加了10.1%，创铁路单日旅客发送量新纪录。“两节”期间，由于学生流、探亲流、旅游流、务工流等多股客流叠加，旅客人数自黄金周运输启动以来便呈现阶梯上升趋势且始终居高不下。

目前车票销售最紧俏的地区是新开的成渝和宁波到温州这两条线。铁路部门预计，未来两天短途出行和部分返程客流将会形成对流，所以这两天各铁路局增开的临时客车一直维持在200列以上，和高峰日差不多。线路方面，北

京主要是开往唐山、秦皇岛、太原、石家庄和上海、哈尔滨、南京、长春等方向;上海主要是开往长三角地区的一些城市;江西则主要加开了九江到上海、景德镇到武夷山等地的临时旅游专列。这些线路都已经在各铁路局的网站上公布了,您在出行之前可以先做个查询。

好,现场的情况就是这样。

主持提示:对于有很多数字的材料来说,考生需要进行一定的筛选,在报道中尽量选取一目了然的关键数字进行加工,这样不仅方便记忆,也能够让观众迅速捕捉到自己想要的信息。

范例 4-2

请根据以下材料,完成一次现场出镜报道。

12 月 26 日上午 10 时 40 分,G6126 次列车缓缓驶出深圳北站,标志着广深港高铁广深段正式开通运行。据了解,由于这列首发车中途并不停站,所以在不到半小时的时间内就实现了深圳与广州之间的转换。G6126 次列车最高时速超过 300 公里,而广深间原本的动车平均时速只有 160 公里。飞机在起飞助跑时的时速是 250—300 公里,所以高铁 300 公里/小时的速度相当于"贴地飞行"。

CRH3 型广深专线共有 8 节车厢、座位 556 个。1 号和 8 号车厢设置了半封闭的 VIP 包厢,每个 VIP 包厢有 8 个座位,用以满足乘客家庭集体出行或商务谈判的需要;5 号车厢为一等车厢,设有 50 个一等座;车内其余 490 个座位为二等座。

车厢内很多细节都展现出人性化的一面:车厢玻璃对光线的特殊处理能让旅客视觉减速。尽管列车速度很快,但人坐在车厢内并没有剧烈的晃动,向车窗外望去也没有眩晕的感觉。残疾人卫生间设在一等车厢,面积是普通卫生间的两倍多。在最靠近卫生间的两个座椅上配有安全带,留有足够空间放置并固定轮椅。除了常见的辅助设施外,这个卫生间里还配有一个可折叠的婴儿护理桌,放下来就能方便地给婴儿换尿布。其余车厢之间都配有普通公厕。在一等车厢内,每个座位下面都配有电源插座,方便乘客为电子产品充电。

模拟主持：主持人好，观众朋友们大家好。现在 G6126 次列车已经离开深圳北站 10 分钟左右了，我上方的显示屏显示现在的时速在 300 公里左右。之前我了解过，飞机在起飞助跑时的时速是 250—300 公里，所以现在高铁 300 公里/小时的速度已经相当于"贴地飞行"了。

这辆列车不仅运行速度非常快，车厢内很多贴心的小细节也让我们感受到了它的与众不同。我旁边的这个车厢玻璃虽然看上去很普通，但其实是大有文章的。它对光线的特殊处理可以让旅客视觉减速。尽管列车保持着高速行驶，但是我向车窗外望去并没有眩晕的感觉。

另外，在广深港高铁的一等车厢内配备了残疾人专用卫生间，它的大小是普通卫生间的两倍。这里还有专门为婴儿换尿布的小桌板，非常方便。

我现在来到了广深港高铁的一等车厢内，经常坐火车的朋友都会有这样一个困扰，就是电子设备充电的问题。在普通列车上很难找到为电子产品充电的地方，但是在这里，每个座位下面都有这样一个白色的充电插座，给旅客提供了很多方便。

好！主持人，现场的情况就是这样。

主持提示：对记者来说，如何将人们不是特别熟悉的数据转化为能挑动大家敏感神经的数据非常重要。"飞机在起飞助跑时候的时速是 250－300 公里，所以现在高铁 300 公里/小时的速度已经相当于'贴地飞行'了。"一般人可能没有 300 公里/小时的概念，但"贴地飞行"能帮助观众很好地理解。另外，诸多细节以及实物的展示，让观众实实在在地体会到了高铁的新变化，现场感十足。

范例 4-3

请根据以下材料，完成一次现场出镜报道。

3 月 31 日，湖南支援武汉国家医疗队的 140 名中南大学湘雅医院和中南大学湘雅二医院医护人员顺利返湘。这 140 名医疗队队员中有 5 名来自中南大学湘雅医院，有 135 名来自中南大学湘雅二医院。

湘雅医院的 5 名队员均为重症医学科 CRRT(连续血液净化)护士，于 1 月 26 日从湖南出发至武汉，进驻金银潭医院重症监护室。两个多月以来，他们累计在 3 个 ICU 护理危重症患者 220 多例，实施 CRRT 治疗 700 多个小时，EC-

MO 护理 240 多个小时,实施肠内营养 100 多例次,协助实施俯卧位通气 50 多例次,为打好抗疫攻坚战贡献了湘雅力量。

目前,湖南省仍有 338 名医疗队队员在武汉开展医疗救治工作。

模拟主持:主持人好,电视机前的观众朋友大家好!现在是 3 月 31 号下午 5 点 55 分,我所处的位置是长沙南站。大家可以看到在我身后的是身穿红衣、面戴口罩,一手提着行李,一手挥舞着五星红旗的"战士们"。他们就是湖南支援武汉国家医疗队的 140 名医护人员。在这其中,有湘雅二医院的 135 名医护人员和湘雅医院的 5 名重症医学科护士。

这 5 名湘雅医院重症医学科护士在武汉的两个多月时间里,累计在 3 个 ICU 护理危重症患者 220 多例,实施 ECMO 护理 240 多个小时。湘雅二医院的 135 名医护人员也为打好抗疫攻坚战,贡献了湘雅力量。

据现场支援武汉的医护人员介绍,他们此行十分暖心,在返回湖南,为"援助湖北战记"画上圆满句号的同时,武汉人民在自家窗口挂出了"致敬湘雅"的条幅为他们送行,队员们则唱起了《再见》,大家在"再见""武汉加油"声中依依惜别。另外,医疗队员们每人都收到了一张特别制作的高铁票"凯旋号"。车票上"凯旋号"从武汉出发,终点站是"美丽家乡站","抗疫胜利日"开。

在这里,我想代表电视机前的观众朋友向这些医护人员说一声:"致敬!谢谢你们的守护!武汉加油!中国加油!"

主持提示:出镜报道最重要的任务是迅速准确地提供现场信息,出镜记者在对现场空间环境、细节等进行介绍的同时,还要通过第一手材料使人们对新闻事件有更清晰的了解。本例首先说明时间地点,描述了医护人员身穿红衣、面戴口罩、手拿红旗的细节,再根据医护人员的介绍,详细说明此行的温暖之处,给人以身临其境的感觉。最后以喊话的方式结尾,让现场报道和事件现场停顿同步,增强了新闻的鲜活感。

二、突发性事件报道

范例 4-4

请根据以下材料，完成一次现场出镜报道。

7 日 16 时许，在滨保高速天津界内上行 60 公里+700 米处，一辆河北牌照的大客车与一辆山东牌照的小轿车发生追尾，造成重特大交通事故。经初步核实，事故造成 35 人死亡、19 人受伤。

7 日 15 时 45 分许，小轿车以 113.2 公里/小时的速度在第一车道靠右侧行驶，大客车以 115.6 公里/小时的速度在第二车道靠左侧行驶，大客车左侧车轮位于一、二车道分道线处。由于两车横向距离较近，大客车车身左侧前部与小轿车右侧后部发生擦蹭撞击。撞击发生后，大客车在未采取紧急制动措施的情况下向右转向，偏离车道并冲向道路右侧波形钢护栏。当大客车接近右侧护栏时又急打左转向，造成车身向右倾覆，靠压在护栏上滑行 62 米。在此期间，护栏波形板和护栏立柱持续冲击大客车车身右侧，大客车右前风挡玻璃立柱和车门后立柱受冲击变形，上部结构开裂。此后，护栏未被压弯的部分在大客车的惯性作用下，插入大客车右前上角并贯穿车窗插入车内，继续冲击右侧车窗立柱，造成车窗立柱与车身骨架的焊接部位断裂，大客车车顶右侧与车身骨架开裂。大客车在右上部被护栏贯穿的情况下继续滑行约 80 米，护栏在车内对乘车人员形成切割和撞击。两车不同程度损坏，部分公路设施被损毁。

16 时 6 分，消防官兵、救护人员、公安交警先后赶到现场，迅速开展事故救援、现场勘查、秩序维护等工作，并对事故现场实施了交通管制。事故发生后，天津市分管领导和相关部门人员迅速赶赴现场，将伤者送到天津市武清区人民医院等三家医院进行救治，将死者遗体分别安置于天津市的三家殡仪馆，等待家属辨认。公安部和安监总局的有关负责人也已赶往医院看望伤员。

模拟主持：我现在所在的位置就是滨保高速重特大交通事故的现场。截至目前，这起事故已造成 35 人死亡、19 人受伤。整个事故的原因仍在调查中，刚才我也问了一下现场的交警，因为事故发生后天色渐晚，很多勘查工作不能在夜间进行,所以道路目前还是属于封闭状态,可能要等到明天勘查工作结束之后,道路才能够恢复通行。

大家可以看到,我身后的这辆侧翻的河北牌照的大客车就是事故车辆,它的前挡风玻璃已经破碎不堪。由于持续的冲击,这个车窗立柱与车身骨架的焊接部位已经断裂。另外,大客车车顶右侧以及车身骨架都裂开了,旁边这些护栏等公路设施也被损毁。沿着我们的镜头大家还可以看到远处一辆闪着危险报警灯的黑色小轿车,那就是与这辆大客车发生事故的轿车。

根据交警的描述,这起事故发生的过程是这样的:大客车在后方与小轿车追尾之后,小轿车受到撞击变换了方向,往路的中间冲了过来。而大客车可能是因为速度比较快,在未采取紧急刹车的情况下向右转,在快接近右侧护栏时又紧急左转,导致车身向右侧翻过来,在翻的过程中刚好撞到路边的护板上。大客车在右上部被护栏贯穿的情况下,由于惯性持续滑行了约 80 米。

事故发生后,公安部和安监总局的有关负责人已经赶赴现场。在勘查了现场之后,他们又去医院对伤员进行了看望。有关伤员的具体情况,我们另一路记者已经在赶去医院的途中,稍后将发来最新报道。

主持提示:由于是重特大交通事故,伤亡情况严重,因此记者一开始就要对伤亡情况进行说明。本篇的亮点在于对细节的描述,抓住细节是制胜法宝。两辆车相撞,到底速度有多快、撞击力度有多大,通过事故现场的一些细节描述可以让观众推断出来。如“前挡风玻璃已经破碎不堪”“焊接部位已经断裂”“车顶右侧以及车身骨架都裂开了”“公路设施也被损毁”,等等。在事故发生后,记者可以根据了解到的信息,借助现场进行还原描述,从而帮助观众了解事情起因和经过,同时也能起到提醒警示的作用。最后介绍伤员的救治情况体现了人性化的一面。

范例 4-5

请根据以下材料,完成一次现场出镜报道。

晚上 8 点 30 分,位于成都市人民南路三段与一环路交会的跳伞塔路口的 A 世界数码广场发生大火,火光冲天,令过往行人震惊不已,二十几辆消防车赶到现场进行了两个多小时的救火。由于电脑城很多货架都是开放式的,需要清场，所以数码广场通常在五六点钟就会关门进行人员的清理，因此暂无人员伤亡报告。

据了解，因为是电梯高层火灾，所以成都消防调派了70米高空喷射消防车赶赴现场。消防官兵到达现场后兵分两路，一路在现场寻找水源，另一路则马上进入火场进行人员搜救。此外，成都交警也迅速出动，对九眼桥、林荫街、跳伞塔等路口实行临时交通管制，分流和禁止车辆通行。受到此次火灾的影响，设在数码广场楼下的地铁一号线跳伞塔站口目前也处于封闭状态。

据附近上班的员工介绍，火灾主要发生在8楼至13楼，着火的是外墙临时搭建的装修幕布，着火面积约100平方米。A世界数码广场主要经营数码产品，比如电脑、手机、游戏机、照相机、打印机等，这些产品的包装箱都属于易燃的材料，所以一旦火势过大，损失将难以想象。所幸经过两个多小时的扑救，现场的火势得到了控制，明火逐渐被扑灭，火焰并没有窜入大楼内部，未伤害到商家储存在大楼中的商品。

火灾发生后，成都市委市政府相关领导来到了现场，警车、消防车、120指挥车也依然在现场值守，随时以备不测发生。

模拟主持：大家晚上好，现在您跟随我们的直播镜头已经来到了成都市人民南路三段与一环路交会的跳伞塔路口。在晚上的8点半左右，路口的A世界数码广场突发大火，我们来到现场后发现大火是从这栋楼的8层往上烧，一直烧到了13层。

逛过电脑城的朋友都知道，电脑城在五六点钟就会关门进行人员的清理，这是火灾现场目前没有人员伤亡报告的一个重要原因。

火灾发生之后，119迅速赶到现场。因为这是电梯高层火灾，在火灾当中属于非常危险的一种情况，所以这次成都市消防支队一共出动了二十多台消防车，同时也出动了目前比较先进的70米高空喷射消防车来对上空的火灾进行扑救。

经过两个多小时的扑救，现场的火势得到了控制，明火逐渐被扑灭，外墙看不到火焰了，只剩下一些浓烟，但仍旧弥漫着一股刺鼻的焦味。大家可以看到，现在大厦的外墙正在进行装修，实际上火灾就是因为外墙的装修幕布着火了。

据了解,这个幕布的着火面积大概有100平方米。所幸火焰并没有窜入大楼内部,也就是说大火并没有伤害到商家储存在大楼中的商品。

由于火情较大,一环路的跳伞塔路口又是成都市的一个交通枢纽,因此交警对这里进行了交通管制,四个方向的车都排起了很长的队伍,交通非常拥堵。通过镜头我们也可以看到,交警正在对现场进行疏导。另外受到这次火灾的影响,设在A世界数码广场楼下的地铁一号线跳伞塔站口此时也处于封闭状态。

目前,警车、消防车,还有120的指挥车依然在现场值守,随时以备不测发生。记者从现场了解的情况就是这样,谢谢。

主持提示:对于突发性事件报道来讲,记者对事件的起因、经过、结果都需要有一定的交代,但这其中的比例并不需要平均分配,而要权衡轻重,侧重表达,切忌拖沓冗长。在有限的时间内记者要拣重点,挑观众最想知道的信息说,比如本篇对现在火势有没有控制住,有没有人员伤亡以及财产损失等情况做了具体详细的交代,其他的问题点到即可。

范例 4-6

请根据以下材料,完成一次现场出镜报道,可结合常识适当地加入一些符合情境的合理想象。

据台湾气象局的消息,今年第5号台风"海棠"已于7月18号上午8点在东部花莲登陆,威力为五年来最强。"海棠"将整个台湾笼罩在暴风圈中超过两天,狂风暴雨席卷各县市,全台停课停市,铁路航线中断,累计151万户断电。

上午登陆时,台风"海棠"的近中心风速最大达到每小时184公里,相当于16级强风,瞬间最大风速达到17级。伴随台风而来的是汹涌的海浪和倾盆暴雨,台风所过地区一片狼藉。港口水位离岸只有不到50厘米,临街的商店都用沙袋堵住了门口。由于暴风圈自深夜起笼罩全台湾,各县市彻夜暴雨、狂风呼啸,树木连根卷起,铁皮屋顶被掀翻,商店巨型招牌被撕裂,溪流暴涨,公路大桥塌陷。许多民众遭碎玻璃和空中刮起的物件砸伤,更有不少骑摩托车的人被强风刮倒摔伤。全台受损情况以台北和高雄两市较严重。不过也有很多市民在台风还没有到来之前已经采购好了方便面、矿泉水,可以在家中躲避台风。

模拟主持：观众朋友，你从我现在站的这种状态就能感觉出来，因为风实在是太大了，所以我必须把腿劈开站住，这样迎接风的能力才能变强一点。如果要并起腿的话很容易站不稳，而且我现在处于一个背风的方向，这样才能站得更稳一点。说到交通，我身后是平时交通非常繁忙的街道，你可以看得出来，现在车非常非常少，大部分汽车都已经停靠到了安全的位置。如果停在下面，整个车就容易被水给淹了。另外，刚才我在来的路上，看到很多停好的自行车、摩托车都已经散乱在地上，被风吹得四处都是。

对于我们今天来到这儿的几位来说，是第一次真真切切地感受到台风的这种威力。这个“海棠”台风是五年以来最强的一次。实际上，从昨天晚上开始，这儿的风和雨就已经非常非常大了。即使在宾馆的房间里头，我也能明显感觉到风和雨在不断地敲打着窗户，很难睡着觉。一个同事也告诉我，他说昨夜就仿佛是有一个壮汉一直在撞他的门。

当然，其他的感受我觉得也非常明显：第一个是台湾地区的百姓可能在面对这样的台风的时候非常有经验，所以在台风还没有到来的时候就已经采购好了方便面、矿泉水，今天已经可以基本不出门了。第二个就是原来觉得很可爱的一些东西，当台风来临的时候，它突然会带来很大的威胁。比如我身后这棵巨大的树，一路上过来我们看到很多这样被台风吹倒的树。如果仅仅像现在我们看到的这棵树还好一点，它只是孤零零地挡在地上阻碍交通而已，但是在来的时候我们看到很多大树直接砸在了车上。

面对台风，经过这一天多的奔波，我感触最深的就是人的生命是最重要的，其他相对来说都是次要的。

主持提示：对于特殊情况，例如本篇的台风报道，如果没有条件使用测量工具，那么记者的亲身感受就是最好的例证：“因为风实在是太大了，所以我必须把腿劈开站住，这样迎接风的能力才能变强一点。”同样，报道地点的选取也十分重要。本篇记者就选在了原本繁华的街道，“我身后是平时交通非常繁忙的街道，你可以看得出来，现在车非常非常少”。对于出镜报道来说，使用对比的方法能使新闻全方位、立体式地展现在观众面前。对比的关键是寻找参照物，合适的参照物可以让新闻报道具体化、形象化。

范例 4-7

请根据以下材料,完成一次现场出镜报道。

3 月 30 日中午,一列客运火车(济南—广州)在湖南郴州永兴县高岗司镇境内(一废旧车站)发生侧翻,多节车厢脱轨。

广铁集团表示,受连日降雨影响,京广线马田墟至栖凤渡站下行区间发生线路塌方,火车司机发现后采取紧急制动措施,列车撞上塌方山体,导致机后第一节发电车起火,第二至六节车厢脱线倾覆。

事故发生后,郴州市消防救援支队共调派 147 名消防员到场紧急救援。湖南省消防救援总队总队长高宁宇已率队赶赴现场。

经第一轮搜救发现,起火车头内无人员被困,侧翻车厢内所有被困人员已安全撤离,受伤人员由政府统一安置。

经第二轮搜救发现,一名乘务员被卡在 13—14 节挤压车厢中间,2 名送往医院的重伤人员无生命危险,情况稳定。

目前,明火已基本被扑灭,正在组织第三轮搜救。铁路部门已安排车上其他旅客转乘高铁。

模拟主持:主持人好,观众朋友们大家好。我现在所处的位置是湖南郴州永兴县高岗司镇的一废旧车站内,就在今天中午 12 时,这里发生了一起火车侧翻事件。我们了解到,这辆客运火车是由济南前往广州的,在途经郴州时不幸发生侧翻事故。本次事故是由于现场发生了线路塌方,列车撞上塌方体,导致机后第一节发电车起火,第二至六节车厢脱线倾覆。大家可以看到,在我的身后车厢已经脱离了正确轨道,并且还在不断冒出火光,车窗玻璃受到了严重破损。我们看到,郴州消防队员们正在进行紧急救援,铁路部门也已经启动应急预案。经现场确认后,本次事故未造成人员死亡,而受伤的铁路员工和旅客也已经被送往当地医院进行诊治。

当前,南方正值雨季,所以塌方、滑坡等突发性事件发生频率较高,在此提醒铁路部门一定要做好监测工作,准确、及时地传达好铁路运程中的信息。同时我们也要提醒广大市民朋友出行注意安全,及时查看道路信息,平安到达目的地。

好的，主持人。现场情况就是这样。

主持提示：此篇是对火车侧翻之后的场景进行描述，考生要明确观众收看这则报道的真实需求，从而挖掘好报道的重点。报道时，考生要有代入感，相信自己就是事件的目击者，这样在表达时才能更有现场感，使观众产生共鸣。同时，还要注意表述事件的前因后果，使报道的内容详略得当，结构完整。

三、民生新闻报道

范例 4-8

请根据以下材料，完成一次现场出镜报道，可结合常识适当地加入一些符合情境的合理想象。

据中国气象局的消息，11 月下旬以来，南方气温为近 28 年来最低。比如，湖南省长沙市进入 1 月份以来，室外气温就一直走低，商场因为有暖气而成为温度最高的地点。围绕南方是否应“集中供暖”的讨论在网络上不断引发热议。某调查显示，80％的南方网友都赞同南方实行集中供暖。

模拟主持：观众朋友们大家好，我现在是位于湖南省长沙市的一位市民家里，我们可以看到，目前南方家庭取暖主要是依靠空调、电暖炉、电暖气等取暖设备。

我手里的这个温度计现在显示的室温是 16℃。大家可能有所不知，16℃是人体对寒冷忍受程度的一个界限，低于这个界限，人体就会没有舒适感。可是在湖南，冬季的大部分时间都是低于这个界限的，因此在以湿冷天气为主的湖南取暖是非常必要的。但从我们这几天走访调查的情况来看，老百姓都反映吹空调并不是很舒服，室内空气不好不说，水分蒸发得也特别快，皮肤容易感到干燥。除此之外，使用空调产生的电费也不容忽视。我们现在来看一下这个电表的转数，走得并不慢。我们粗略地算了一下，1 匹空调相当于 735 瓦，一台 1.5 匹的空调差不多是 1102 瓦，而取暖器比空调更耗电，功率大的有 2000 瓦左右，所以一个冬天下来市民的用电量是非常大的，并非所有家庭都能承受得起。而在农村采用煤炉或者木炭取暖，这种方式往往只注重保暖，不注重通风，因此很容易发生一氧化碳中毒事故。

另外,我们从消防部门了解到,冬季火灾死亡的人中有69%都是因为电器起火或者是用火不慎造成的。在此也特别提醒一下用电器取暖的朋友,应该把大功率的电器分开使用,避免电器因为负荷过重而引发火灾。这样看来,从民众需求的角度来说,关于南方是否“集中供暖”这个问题确实值得深入讨论研究。

主持提示:本篇的亮点在于借助道具:“我手里的这个温度计现在显示的室温是16℃”“我们现在来看一下这个电表的转数”,借助道具摆出事实,再结合相关的知识进行解读,体现了客观科学的报道方式,提高了报道的可信度。整个报道显得层次分明、有理有据。

范例 4-9

请根据以下材料,完成一次现场出镜报道。

应群众的强烈要求,2月24日上午10点钟,记者来到湖南省株洲市城区附近的金盆岭露天垃圾场。

这个垃圾场位于株洲北站三场与四场之间的峡谷里,紧靠着铁路线,附近就是铁路单位和居民区。垃圾从峡谷底堆起,已经堆了十几米高,大半个峡谷已经被填满,靠市区一侧的垃圾已经高出铁路线,堆成了三座山。高的一座垃圾山山顶离高压电线只有两米左右。整个垃圾场黑乎乎的,臭气熏天。近百名拾荒者在这里用耙子、铁棍等翻扒着垃圾。有的拾荒者在这里燃烧垃圾取暖,浓烟滚滚,还有的拾荒者甚至搭建了茅棚,就住在这里。

记者在垃圾山上待了半个小时,先后就有十多辆货车满载着垃圾倒在这里。

当地群众激愤地对记者说:金盆岭垃圾场占地120多亩。每天有上百辆汽车往这里倒垃圾。几十米、上百米外都可以闻到这里飘出的臭气,严重影响了铁路部门人员的工作和附近居民的生活。这里成了株洲市一个巨大的污染源和病毒传染源。在国家十分重视保护环境和治理污染的今天,株洲市竟然在城区附近设立这么大的露天垃圾场,真是不可思议!

模拟主持:主持人好,观众朋友好。我身后就是株洲市金盆岭露天垃圾场。

这个垃圾场位于株洲北站三场与四场之间的峡谷里，紧靠着铁路线，附近不远处就是铁路单位和居民区。我们刚刚在来的路上，在离这里还有一百多米远的地方，不用开车窗就已经闻到了一阵阵刺鼻的恶臭，像塑料烧灼的味道混合着臭鸡蛋味，靠近这里时更是感觉呼吸困难。我们在这里仅仅待了半个小时，就看到先后有十多辆货车满载着垃圾倒在这里。

这个垃圾场的占地面积有120多亩，比11个国际标准足球场还要大一点。连我们的镜头都无法展现它的全貌。这些垃圾是从峡谷底端开始堆的，通过镜头大家可以看到，靠市区一侧的垃圾已经高出铁路线，堆成了三座山。高的一座垃圾山山顶离高压电线只有两米左右，这是十分危险的，因为有近百名拾荒者还在这里用耙子、铁棍等翻扒着垃圾，随时都有可能发生触电危险。另外，有的拾荒者在这里通过燃烧垃圾取暖，浓烟直冒，如此大面积的垃圾一旦着火，后果不堪设想。

这个垃圾场的附近是铁路单位和居民区，通过我们刚刚的观察发现，这里大部分人家的窗户是紧闭的，过往的人中有的还戴着口罩。居民们反映这个存在了十多年之久的垃圾场已经严重影响了他们的生活。

在此，我们恳切地希望株洲市相关单位能够高度重视这个问题，立即撤掉这个垃圾场，并对现有垃圾进行处理，还民众一个健康安全的居住环境。

主持提示：记者现场报道时要注意调动听觉、视觉、嗅觉、触觉等全方位的感官意识去引导观众，“像塑料烧灼的味道混合着臭鸡蛋味”就是对嗅觉的描述，交代了镜头之外的内容。同时，对于观众不易理解的内容，适当的对比是必要的，如“这个垃圾场的占地面积有120多亩，比11个国际标准足球场还要大一点”“高的一座垃圾山山顶离高压电线只有两米左右”。这样的描述让观众一目了然，对垃圾山问题的严重性也有了更清楚的认知。报道最后呼吁相关部门为了民众的健康安全尽快解决问题，简洁干脆，恰到好处。

范例 4-10

请根据以下材料，完成一次现场出镜报道。

2020年4月3日，湖南省怀化市中级人民法院采用远程视频方式对新晃“操场埋尸案”相关公职人员渎职犯罪案进行二审宣判，依法裁定驳回黄炳松、杨学文等九名上诉人的上诉,全案维持原判。

2019 年 12 月 30 日,湖南省靖州苗族侗族自治县人民法院对被告人杨军、黄炳松、杨学文等十名被告人进行一审公开宣判。

对被告人杨军、黄炳松以徇私枉法罪判处有期徒刑十五年;

对被告人邓水生以徇私枉法罪判处有期徒刑十四年;

对被告人刘洪波、陈守钿、曹日铨、陈领、杨荣安以徇私枉法罪分别判处十三年至十年不等的有期徒刑;

对被告人杨学文、蒋爱国以玩忽职守罪分别判处有期徒刑九年、七年。

一审宣判后,黄炳松、杨学文等九名被告人不服,提出上诉。怀化市中级人民法院经二审审理认为,原审判决认定事实清楚,证据确实充分,定罪准确,量刑适当,审判程序合法。据此,依法作出上述裁定。

模拟主持:主持人好,观众朋友们大家好,我现在所处的位置是湖南省怀化市中级人民法院。今天在这里将对新晃"操场埋尸案"相关公职人员渎职犯罪案进行二审宣判。据了解,法院现已依法裁定驳回了上诉人的上诉,全案维持原判。在我的前方,大家可以看到法院工作人员采用的远程视频设备,因为疫情的原因并没有要求双方到场。

"操场埋尸案"自曝光后便引起了社会各界的广泛关注,大家都在关心本次二审是否会对一审判决作出些许更改。据了解,怀化市中级人民法院二审审理认为,原审判决事实清楚,证据确实充分,定罪准确,量刑适当,审判程序合法,因此裁定维持原判。早在 2019 年 12 月 30 日,湖南省靖州苗族侗族自治县人民法院就已对被告人作出一审公开宣判。

法律面前人人平等,法律是任何人、任何事都不可触碰的警戒线。社会各界人士对本次案件高度关注,都是希望还受害者一个公道。法院的工作人员也劝诫大家莫去触碰法律的底线,做遵纪守法的公民。主持人,现场情况就是这样。

主持提示:本篇材料以案件审理为主要内容,在报道此类新闻时,记者应以陈述案件审理、法律法规为主,先将案件最终审理结果告诉观众,再进一步详述审理过程,最后以劝诫收尾。通过严肃的讲述方式和客观评价,完整地表达出案件审理的全过程,使整篇报道符合新闻本体的感情色彩。

下编　模拟主持训练题库

这一部分为考生提供了大量的仿真考题，其中材料评述类题目 76 道、社教服务类题目 38 道、活动综艺类题目 36 道、现场出镜类题目 32 道，共计 182 道试题。每种类型的题目在前面都有一定数量的答案。该题库可以方便考生进行系统训练，同时题中的材料也可以成为考生日常累积的素材。模拟主持水平只有通过大量的练习，将理论技巧与实际相结合，才能实现质的飞跃。

第五章　材料评述类模拟主持题库

本章范例 5-1 至 5-9 为新闻材料类模拟主持，范例 5-10 至 5-17 为话题材料类模拟主持。

第一节　新闻材料类题库

一、实战引导

范例 5-1

请根据下面的材料主持一档新闻节目。

2015 年 8 月 16 日下午，医院接诊了一个小男孩。妈妈牵着孩子的手，来到了口腔科，华华一张开嘴，在场的所有医生护士全部惊呆了——这个孩子嘴里光秃秃的，几乎看不到牙齿！

华华一共有 20 颗牙，8 颗牙烂得只剩下牙根，而且牙根也全部变成了黑色。还有 6 颗牙齐根断了，孩子吃饭已经成了一个大问题，根本无法咀嚼食物。更严重的是，华华现在说话含糊不清，没人能听懂，与人交流也成了问题。主任医师说："这是我从医 40 多年来，尤其是当上牙科医生后，碰到的最惨不忍睹的牙齿。这么小的患者，我还是第一次遇到。"这实在让人感到不可思议，宝妈也疑惑不解，华华的牙齿怎么会变成这副模样呢？

原来,华华一直是爷爷奶奶带大的。在他 3 岁那年,偶然的一次机会,华华看见别人在喝可乐,于是也吵着要喝。这一喝就出事了,埋下了日后的祸根。自从喝了可乐以后,华华再也不肯喝水了,并且越来越严重,每天必须喝 3 瓶可乐,否则饭都不好好吃。

模拟主持:关注大事小情,体味百态生活。观众朋友们大家好,欢迎收看本期的《新闻关注》,我是主持人××。炎热的夏天,喝上一罐冰镇的可乐,真的太凉爽了。但是有一位叫华华的小男孩连续几年只喝可乐不喝水,而且每天必须喝 3 瓶,这下喝出了问题,我们一起来看看。

8 月 16 号下午,妈妈带着华华来到医院口腔科。当孩子一张开嘴,在场的所有医生护士都惊呆了:华华一共有 20 颗牙齿,8 颗牙烂得只剩下牙根,而且牙根也全部变成了黑色,还有 6 颗牙齐根断了。孩子已经无法咀嚼食物,吃饭都是大问题。更严重的是,华华现在说话含糊不清,没人能听懂,与人交流也成了问题。连医院口腔科的主任医师都说,这是他从医四十多年来,尤其是当上牙科医生以后,碰到的最惨不忍睹的牙齿,而且这么小的患者也是第一次遇到。那么华华的牙齿为什么会变成这样呢?原来华华一直是爷爷奶奶带大的。3 岁那年,偶然的一次机会,华华看到别人在喝可乐,于是也吵着要喝。这一喝就出事了,从那以后,华华再也不肯喝水,并且每天雷打不动要喝 3 瓶可乐,否则饭都不好好吃。所以啊,爱孩子并不是溺爱孩子,有些事情还需要我们大人去辨别是非,比如这碳酸饮料,就一定要少给孩子喝。

好了,以上就是本期节目的所有内容。如果您想获得更多的新闻资讯,请您扫描屏幕下方的二维码,我们下期节目再会!

范例 5-2

请根据下面的材料主持一档新闻节目。

中国的信贷行业触角已经延伸到各行各业,连宁静的大学校园也难以幸免。当信贷行业被互联网金融强势打破时,校园网贷就如同撒向大学生的诱饵和鱼钩。它一面给大学生消费贷、创业贷提供了很大便利,另一方面因为贷款门槛低,致使许多大学生深陷网贷泥潭,无力还款。2016 年 3 月 9 日,河南牧业经济学院的小郑由于不堪负债重压而跳楼自杀，学校方面对此事保持缄默。而根据本报此前了解的信息，小郑从2014年开始办理各种信用卡，从2015年开始接触各种网络贷款。小郑的一名同学称，小郑利用28名同学的身份证、学生证、个人电话及父母电话等信息借款，总数达到了六七十万元。

在业内人士看来，河南大学生因网贷负债跳楼的极端事件，凸显了校园网贷失控的风险，而这样的“信贷魔窟”如果控制不好，最终受影响的除了无数的大学生以外，还造成众多的网贷平台坏账难以收回。

模拟主持：听时事资讯，品全天热点，谈国事家事，论民生人生。各位好，欢迎大家收看今天的《观天下》，我是主持人××。随着信息技术的发展，网上购物、网上交易已经成为我们日常生活的一部分，但就在这几年，信贷行业被互联网金融强势打破，网络贷款也将触角伸到了宁静的大学校园里，就像一个个诱饵和鱼钩撒向了大学生。大学生这个群体没有稳定的收入，所以贷款消费就成了一部分学生的消费方式。一方面那些网贷公司给大学生的消费贷、创业贷提供了很大便利，另一方面因为贷款门槛低，致使许多大学生深陷网贷泥潭，无力还款。

这不，悲剧就发生了。在河南牧业经济学院，大学生小郑从2014年开始办理各种信用卡，从2015年开始接触各种网络贷款。他利用28名同学的身份证、学生证、个人电话及父母电话等信息借款，总数达到了六七十万元。最终由于不堪负债重压，于2016年3月9日跳楼自杀。

这个事件的曝出，凸显出校园网贷已有失控的风险。而这样的“信贷魔窟”如果控制不好，最终受影响的除了无数的大学生外，还造成众多的网贷平台坏账难以收回。网络的快速发展有利有弊，我们希望相关的法律法规能够尽快完善，还网络一片干净的天空，也给学生们一个好的消费环境。在这里，我也要提醒各位大学生一句，网贷有风险，借贷需谨慎！

好了，以上就是本期节目的所有内容，如果您想获得更多的新闻资讯，请您扫描屏幕下方的二维码，我们下期节目再会！

范例 5-3

请根据下面的材料主持一档新闻节目。

2015 年 8 月 22 日,一段“地铁绷带女蛮横抢座,遭胖阿姨怒斥”的视频在网络上疯传,引发网友的热议。8 月 19 日,在上海地铁 8 号线一节车厢中,一个手绑绷带的女子一上车就坐在一名粉衣女孩身上,声称自己手受伤了要求女孩让座,并用力把女孩往边上挤,还时不时用缠着绷带的手打人。本来那位女孩是想让座的,但是因绷带女的态度极差,于是没有让座。正在两人僵持的时候,旁边的一位胖阿姨怒了,挺身而出,不仅出手保护被打女孩,还安慰她“勿要哭”“你再打人试下! 我倒搞不懂了,我一把年纪,200 多斤会怕你啊!”这段 1 分 28 秒的视频在网上曝光之后,众网友对胖阿姨纷纷表示赞扬:“胖大姐威武得很”“满满的正能量啊,给阿姨点个赞”“为中国好大妈点赞”。据悉,视频中的这位胖阿姨已经 40 多岁了,姓蒋,是国美电器老西门店的一名员工。她向记者回忆了当时的情形,称“她一上车就冲过来强行占座,甚至坐到小姑娘腿上,还让她站起来”。所以说,不能以貌取人,在地铁上闹事的人很多,但是真正能挺身而出去帮忙解围的人少之又少,让我们为胖阿姨点赞!

模拟主持:关注民生,关注生活,观众朋友们大家好,欢迎收看今天的《百姓关注》,我是主持人××。在公交车上,我们有时会看到老人强迫年轻人让座的现象,但没想到,在上海的地铁车厢中,居然有一位年轻女子因为座位的事对别人大打出手。这到底是怎么回事呢? 让我们一起来看一下。

8 月 19 日,在上海地铁 8 号线一节车厢中,一个手绑绷带的女乘客为了争抢座位,一进车厢就坐在了一位姑娘身上。据网友介绍,当时,这名手绑绷带的女子一直强调自己“手受伤了”“需要让座”,说着说着还对那位姑娘动起手来。此时,坐在姑娘身边的一位短发胖阿姨看不下去了,一边安慰委屈哭泣的姑娘,一边不断和“绷带女”据理力争。最终,被欺负的姑娘在胖阿姨的帮助下,换到了她另一边的位置上,而胖阿姨的挺身而出,也让不少网友点赞:“胖阿姨威武得很!”对此,上海地铁运营方告诉大家,乘坐地铁时,乘客之间应该相互尊重、相互礼让,这样才能共同维护文明、有序的乘车环境。

好了,以上就是本期节目的所有内容,如果您想获得更多的新闻资讯,请扫描屏幕下方的二维码，我们下期节目再会！

范例 5-4

请根据下面的材料主持一档新闻节目。

2015 年 3 月 29 日，204 国道大丰刘庄境内的交叉路口发生一起交通事故，一辆载有 30 多吨橘子的山东牌照大卡车侧翻。事故导致驾驶员朱某胳膊脱臼，30 多吨橘子散落一地，车辆部分位置受损。事故发生后，当地群众纷纷赶来，但并没有出现哄抢场景。据一位村民介绍，看到卡车侧翻后，他和大伙都赶过来围观，见驾驶员受伤，无力收拾满地的橘子，大家便踊跃伸手，一边安慰受伤的驾驶员，一边帮他捡拾散落在路面上的橘子，装箱后用小推车推到一边码放好。至下午 2 点，仍有 10 多人留在现场看护橘子。

“车上装了 1100 箱橘子，原本是准备送到山东去的，没想到经过这里，拐弯急了，车就翻了，橘子散了一地。开始我非常担心有人抢橘子，但这种情况并没有出现，1100 箱橘子在大家的帮助下基本都装箱了，现在就等过路的卡车来运走。”驾驶员朱某说。

事故发生后，交警在第一时间维护了现场的秩序，热心群众帮忙捡拾了橘子。至下午 3 点，30 多吨橘子已基本装箱完毕。

模拟主持：关注新闻，聚焦时事，观众朋友们大家好，欢迎收看本期的《焦点关注》，我是主持人××。如果你走在路上，突然看到路边有一辆货车翻了，而且掉了一地的橘子，你的第一反应是什么？是帮忙捡起来呢？还是趁机拿走几个？

3 月 29 日在江苏大丰市刘庄镇境内，就发生了这样一起事故，一辆载有 30 多吨橘子的卡车发生了侧翻。事故导致驾驶员朱某胳膊脱臼，30 多吨橘子散落一地，车辆部分位置受损。令人意想不到的是，这起事故发生后，不仅没有出现哄抢场景，附近群众还踊跃伸手，一边安慰受伤的驾驶员，一边帮他捡拾散落在路面上的橘子，装箱后用小推车推到一边码放好，最后还有 10 多人留在现场看护橘子。驾驶员朱某对记者说，车上这 1100 箱橘子原本是准备送到山东去的，没想到经过这里的时候，拐弯急了，车就翻了，橘子散了一地。开始他非常担心有人抢橘子,然而这种情况并没有出现,这让朱师傅心里反倒有点过意不去,还让帮忙搬橘子的居民拿一些回家。朱师傅对记者说:“感谢这边的交警和百姓,为我减少了许多经济损失,真是不幸中的万幸。”

其实,只要人人都像这些捡橘子的好心人一样,愿意向需要帮助的人伸出援助之手,世界就会充满爱。同样,我们也应该相信这个社会还是好人多,只要你愿意帮助他人,总有一天,在你遇到困难的时候,别人也会来帮助你。

好了,以上就是本期节目的所有内容,如果您想获得更多的新闻资讯,请扫描屏幕下方的二维码,我们下期节目再会!

范例 5-5

请根据下面的材料主持一档新闻节目。

一平方米墓地的价格动辄数万甚至数十万元,“小产权墓”“期墓”等令人匪夷所思的商品在市场上大行其道,让“墓地经济”再度引发热议。记者连日来电话联系北京、上海、广州等地的墓地销售员和中介经纪人发现,相比去年,今年墓地的平均价格继续走高,而且价格较贵的墓地反而更为抢手。上海市殡葬协会会长王宏阶说,在上海,墓园提供各种价位的墓穴供市民选择,一般5万—10万元的墓穴销售得最好,10多万元的也有需求,一些个性化的墓穴更是通过加上雕塑、石碑等抬高售价。与此同时,土地资源紧张导致的“一墓难求”也助推了市场需求和价格预期。民政部3月底在京发布的“殡葬绿皮书”《中国殡葬事业发展报告(2012—2013)》指出,全国人口每年死亡约800万,且随着老龄化程度的不断提高,在缺乏销售价格硬性规定的情况下,近年来墓地价格跟着房价走,已成了升值最快的商品之一。业内人士认为,国内的殡葬观念普遍存在“重葬式,轻仪式”的现象,很多人以墓地的大小和规格显示生者对逝者的尊重,这样就给商家创造了许多巧立名目、坐地起价的机会。

模拟主持:用心关注社会,用爱关注民生。欢迎收看今天的《今日关注》,我是主持人××。最近,我们看到了这样一则消息——“墓地经济”再次引发热议，一平方米墓地的价格动辄数万甚至数十万元，“小产权墓”“期墓”等令人匪夷所思的商品在市场上大行其道。近年来墓地价格跟着房价走，已经成为升值最快的商品之一。尤其是北上广地区，相比去年，今年的墓地平均价格持续走高，而且价格贵的墓地反而更抢手。记者调查发现，河北境内的不少公墓将购买客户定位为北京居民，其中一个墓园的客户80%以上来自北京。许多客户表示，这里性价比高。上海周边的苏州等地，墓地价格较上海有明显优势，一些陵园还为上海居民开通了销售班车和扫墓班车。

许多中国人在殡葬观念上存在着“重葬式，轻仪式”的现象，很多人以墓地的大小和规格来显示对逝者的尊重。因此也给了商家很多巧立名目、坐地起价的机会。事实上，我们更应该提倡绿色、环保的殡葬方式。在现代日本，将遗体火化后烧剩的遗骨埋入墓园是最常见的丧葬形式。受土地资源不足影响，墓地价格高，丧葬形式日趋多元化，与他人合葬、将遗骨安置到纳骨堂、树木葬、骨灰撒入大自然等方式也被越来越多的人接受。而在中国呢，一边是墓地价格年年攀升，市民抱怨“死不起”；一边是形式多样的绿色生态葬，经济实惠，却屡屡遇冷。如此纠结的“殡葬怪象”近年来越演越烈。其实，顺应低碳、环保、简约理念的树葬、草坪葬、花坛葬、海葬等绿色生态葬是非常值得我们考虑的。

好了，今天的节目到这里就要与大家说再见了，我们明天同一时间再见。

范例 5-6

请根据下面的材料主持一档新闻节目。

2016年1月22日，网上流传着一段时长20多秒的女生打架视频，内容是漳州华安某中学门口发生的女生打架事件。记者看到，视频中两名女生互相拉扯踢打，旁边围着多名女生，有的帮忙劝架，有的也在拉扯。记者了解到，视频内容属实。事发时间是1月21日下午放学时分，事发地点为华安县城华丰中学的校门口，事情的起因是两名女生因为生活琐事发生纠纷。据了解，当事双方的女生身体上都没有大碍。昨日上午，校方召集了老师、当事学生及双方家长面对面座谈，当事双方家长已经就此事达成了协商。不过接下来，华丰中学校方将对涉事女生作出相应的处罚和教育。

校方提醒,同学之间本应相互友爱,若有矛盾,要用正确的方式去处理。

模拟主持:真人、真情、真事,现场、现象、现实。大家好,我是你们的老朋友××,欢迎大家准时收看《要闻天下》。

近日,福建漳州发生了一起校园暴力事件,这段20多秒的视频在网上疯狂流传,经过记者核实,视频内容是真实的。

说到校园暴力视频,以下几个问题往往容易被人们忽略:第一,校园暴力视频的拍摄者也是施暴者,其故意将视频发布到网络上,目的就是要对受害人进行“精神摧毁”;第二,校园暴力视频宣扬的“伸张正义”的手段——人肉搜索,实际上涉嫌违法;第三,暴力镜头具有示范作用,对青少年的影响是长期的、深远的,长时间、高频次接触这种信息可能会造成青少年麻木的生命价值观。

近年来,网络上屡屡出现学生殴打、羞辱他人的暴力视频,尽管有关部门及广大网友呼吁制止这种暴力文化传播,但类似视频仍接二连三地出现。暴力视频频出,原因可归结为以下四点:

一是学生自控能力不强。中小学生正处于性格形成期,可塑性极强,容易受到社会影响,易出现从众、好奇等心理,在诸多诱因下作出暴力行为。而拍摄者、围观者也多为学生,不但不去制止,反而觉得有趣,间接传播了暴力思想。

二是家长忽视孩子的心理健康教育。在我国大部分地区,现代教育依然为应试教育,部分家长望子成龙、望女成凤的心情急切,过于重视学生的学习成绩,而忽视了孩子的心理健康教育,导致孩子心理发展落后甚至畸形。

三是学校监督管理漏洞。在我国部分中小学校,学生暴力甚至自杀现象时有发生。暴力发生时无人制止、围观学生无人劝退、录像无人没收等问题暴露出学校的监管漏洞。而部分学校为了提高社会知名度、升学率,吸引更好的生源,过于注重文化课程,而忽视了学生德智体美劳全面发展,导致校园被暴力文化侵袭。

四是网站审核管理缺陷。网站管理者、视频审核者在明知暴力视频会对社会产生不良影响的情况下,依然充当暴力视频的传播者,究其原因,还是为了增加网站的点击率、吸引更多的眼球。这样是对暴力事件的纵容。

我们希望学校、家长、社会共同重视校园暴力事件,从源头上减少校园暴力事件的发生,还孩子们一个安全、干净的校园。

好了,今天的节目到这里就要结束了,我们明天同一时间再见。

范例 5-7

请根据下面的材料主持一档新闻节目。

春节,早已融入中国人的骨血之中,它让"想家"成为每个人深藏在心底的乡愁,也让"回家"成为游子们心中的信仰。每年,"春运"这一场围绕"家"演化而来的迁徙,都会汇成巨大的人流在960万平方公里的土地上涌动,随之而来的是"怎样回家"的辛酸悲欣。

"离家后,乡愁是一张薄薄的火车票,我在这头,家在那头。"在春运大潮的席卷之下,"一票难求"成为很多人回家的一个真实写照,一张票牵动着人们的敏感神经。

2016年1月24日,春运正式开始,而春运火车票提前60天便开始发售,"抢"成为很多人买票的方式。然而,12306官网抽象繁多的验证图片和复杂的验证过程让很多人与车票失之交臂,如何回家成为大家愁之又愁的事情。

在这样的背景下,抢票攻略和抢票软件成为很多人的"救命稻草"。

"在确定好放假时间之后,我就收藏了好几个抢票攻略,对哪天抢哪天的票都提前做好了准备。其实攻略就是把今年抢票要注意的事情告诉你,知道这些事情可以少耽误时间。"在青岛读大三的湖南女孩迟亚惠说。在她看来,抢票就是运气加技巧,虽然运气很重要,但"尽人事"也是必不可少的一个环节。

如今,便利的现代科技和发达的网络信息使曾经漫长的回家路多了很多的"智慧因子"。虽然春运大军依然很庞大,但在出行越加智能化的今天,多样的出行方式让回家的路不再那么遥远。

模拟主持:观众朋友们大家好,欢迎收看今天的《新闻观察》,我是主持人××。春节将至,春运大潮即将席卷而来。今天,我们就来谈谈春运过程中一票难求的问题。

2016年1月24日,春运正式开始,而春运火车票提前60天便开始发售了,"抢"成为很多人买票的方式。然而,12306官网抽象且繁多的验证图片和复杂的验证过程让很多人与车票失之交臂,如何回家成为大家愁之又愁的事情。在这样的背景下,抢票攻略和抢票软件成了很多人的"救命稻草"。我们采访了在青岛读大三的湖南女孩迟亚惠,她说,在确定好放假时间之后,她就收藏了好几个抢票攻略,对哪天抢哪天的票都提前做好了准备。其实攻略就是把今年抢票要注意的事情告诉你,知道这些事情可以少耽误时间。在她看来,抢票就是运气加技巧,虽然运气很重要,但"尽人事"也是必不可少的一个环节。

如今,借助便利的现代科技和发达的网络信息,曾经漫长的回家路多了很多"智慧因子"。虽然春运大军依然很庞大,但在出行越加智能化的今天,多样的出行方式让回家的路不再那么遥远。

好了,本期节目到这里就结束了,希望观众朋友们回家顺利,春节快乐。如果您有什么春运抢票的小妙招,也可以通过微博私信告诉我们。我们下期节目再见!

范例 5-8

请根据下面的材料主持一档新闻节目。

杭州野生动物世界日前要把之前的指纹入园认证改为人脸识别认证,这一改动惹怒了已经办理年卡的浙江理工大学特聘副教授郭兵。

杭州野生动物世界位于富阳区,是一座规模较大的野生动物园,成人门票一次220元。若购买年卡,可在一年的有效期内无限次逛园。今年10月17日,杭州野生动物世界向年卡用户发送了一条信息:园区年卡系统升级为人脸识别入园,原指纹识别已取消。即日起,未注册人脸识别的用户将无法正常入园。如尚未注册,请您尽快至年卡中心办理。

郭兵正是为此将动物园告上法庭,他给出的理由很充分——凭什么没征求我们的意见,就默认我们都同意把面部信息提供给你?这位副教授认为,动物园强制要求游客必须进行人脸识别违反了《消费者权益保护法》,也不符合《网络安全法》,更不符合目前正在制订的《个人信息保护法》。园方则回应称,一谈到"人脸识别"大家都惊呼"我的隐私数据被盗了",怎么录入指纹、电话和身份证信息大家都无动于衷呢?

10 月 28 日,这位教授向杭州市富阳区人民法院提起了诉讼。11 月 1 日,法院正式决定立案受理这起案件。

(改编自《华西都市报》田之路《人脸识别门禁系统来了,谁来保护我们的隐私?》)

模拟主持:大家好,欢迎收看《焦点关注》,我是主持人×××。近年来,人工智能发展迅速,特别是人脸识别技术,被越来越广泛地运用到人们的日常生活中。在人脸识别技术给社会带来种种便利的同时,人们对于这项技术在安全方面的担忧也逐渐增长。近日,杭州野生动物世界因入园年卡升级导致未注册人脸识别的用户无法正常入园被浙江理工大学特聘副教授郭兵告上法庭。

目前,越来越多的服务机构要求消费者、服务对象"交出人脸信息",引发不少人的担忧:到处留下人脸信息,会不会有一天被别有用心之人偷去,行不轨之事?

在互联网时代,基于相关平台或者部门的管理要求,有时候个人信息不得不做一些让渡。然而,让渡不能没有边界。在电话号码、身份证号甚至家庭住址都被"满世界"登记的情况下,还让我们继续让渡"人脸"这种极为重要的个人信息,不能不让人感到有些担忧。再者,征集个人信息应以必要性为原则,有些商家或机构为了自己的方便,给人们带来心理不适感以及信息安全风险,不论从"顾客至上",还是从尊重个人隐私的角度来说,都不太合适。尽管很多商家都表示,内部有严格的制度确保消费者个人信息安全。然而,在个人信息"满天飞"的背景下,这些承诺未免让人心存疑虑。

在这里,我们也呼吁国家层面加快启动对人脸识别权界的立法。当然,针对人脸识别以及个人信息采集的专门立法不可能一蹴而就,需要在大量分析调研以及向社会广泛征求意见的基础上进行。事情虽然需要一个过程,但从目前的情况来看,相关部门应该抓紧出台一些基础的规范、条例等,先行遏制住一些迫切需要解决的问题,切实保障好公民的个人信息安全。

好了,今天的《焦点关注》到这就要跟您说再见了,我们下期再会。

(改编自中国青年网马涤明《人脸识别滥用,让我们的安全感无处安放》)

范例 5-9

请根据下面的材料主持一档新闻节目。

满头银丝如雪,他斜挎着深绿色的布包,身姿笔挺地站在地铁车厢里,腰部挂着的 LED 小牌上,“勿需让座”四个字分外显眼……6 月 24 日以来,大连地铁上出现的一名老人,因挂出“勿需让座”的小牌引发了全国网友称赞。

老人叫刘增盛,年龄已有 76 岁,家住西岗区八一路附近。老人曾在部队工作,退休后在旅顺口区太阳沟开办了工作室,主要是收藏老式电影胶片和胶片机,这是老人最大的爱好。每逢太阳沟有文化活动,老人就会过去给居民放电影。

老人每天都乘坐公共交通工具,往返于市区与旅顺口之间。老人需要在西安路乘坐地铁 1 号线,再转乘地铁 12 号线,从河口赶到旅顺新港,然后再换车抵达太阳沟。实际上,老人挂着“勿需让座”的牌子已有两年时间了,只是这次被网友拍了下来。

对此,他表示,现在的年轻人不容易,而自己的身体还可以,虽然有座能更舒服一些,但站着也没有问题。挂上这样的牌子,主要是怕给其他乘客增加负担。

模拟主持:大家好,欢迎收看今天的《新闻聚焦》,我是××。

今天我们要说的是一个人、一位老人,甚至有人称他为“硬核大爷”,原因很简单,平时在坐地铁、坐公交的时候呢,看到老人我们会自觉地起立让座,但是这位老人却很特别,在身上写了“勿需让座”。

他对年轻人的这种关照真的很让人动容,但是在我看来,我们中华民族文化经历五千年的风霜而历久弥新有一个很重要的原因,就是我们有大智慧的复杂的精神,在这其中,尊老爱幼是很重要的一部分。

刘增盛老人不让我们年轻人让座,这是一种情分,而我们年轻人给像刘增盛这样的老人让座,给他们更多的关注是一种本分。也正是这种情分和本分的相互交融，让我们的社会得以发展。而更重要的，他身上的那个红红的灯点亮了我们对老人更多关注的一种提示，也正是老人对我们的心疼和关照，点亮了我们对向真、向善、向美的生活有更好的期待和憧憬。

好了，以上就是节目的所有内容，感谢您的倾听，我们下期再见。

（改编自《2019央视主持人大赛》新闻类选手邹韵参赛作品）

二、训练题库

1. 请根据下面的材料主持一档新闻节目。（关键词：空巢老人）

2月17日，成都博主“家居曹老师”发出一则寻狗启事，称自己于8日丢失了一条养了7年的松狮犬，送还者将获赠房产一套（价值56万人民币，若拆迁价值过百万），引起不少网友关注。有网友调侃称：“不上班了，找狗去！”在关注事件本身进展的同时，也有网友把目光聚焦在“空巢老人”这一群体上。

据了解，博主“家居曹老师”是一名空巢老人。2006年，儿子送了一只松狮犬与其做伴，曹老师感觉与爱狗相处后内心宁静，心灵有所依附。但就在今年2月8日，曹老师饲养7年的松狮犬走失了。为找回爱狗，曹老师17日便在微博中发出了这则“寻狗启事”。

“狗狗不名贵，但是家人的心头肉，”面对网友对于百万悬赏的质疑，曹老师说，“空巢之家，生活没了乐趣，什么东西能够弥补？金钱、名利？这些30年前我已习以为常，唯独一份亲情难得。”

不少网友对此表示理解，希望曹老师早日找回自己的爱犬。有人留言：“人非草木，孰能无情。特别是对于空巢老人来说，朝夕相伴的宠物自然而然也如同亲人一样。”

2. 请根据下面的材料主持一档新闻节目。（关键词：人情消费、负担重）

万家团圆的春节过完了，许多人的钱包也瘪了。过年送礼是传统习俗，但如今越来越高档的礼品、一年多过一年的压岁钱，成为许多人回家过年的沉重负担。上周，中国青年报社会调查中心发起的一项“你为人情消费所累吗？”的调查显示（5795人参加），多数人每年在人情消费上的花费在1000－6000元之间(64.4%),超过6000元的占近两成(19.1%)。53.2%的受访者感觉人情消费负担重。受访者中,80后占32.6%,70后占43.2%,60后占15.9%。

人情消费是指在日常生活中人情往来的费用支出,它具有加深情感和促进交往的功能。但随着城乡居民生活水平的不断提高,人情消费也在不断升级,对不少人来说成了一项沉重的生活负担。西南财经大学中国家庭金融调查与研究中心2011年发布的数据显示,我国户均人情支出在家庭总收入中的占比高达7.9%,农村家庭更高达11.4%。

3.请根据下面的材料主持一档新闻节目。(关键词:少女、捐献肝脏)

13岁的她正是花季少女,但原发性脑干血管畸形却让她无法再触摸这个世界。1月18日,四川省广安市岳池县的女孩阳阳(化名)突然昏迷,辗转多地求医无果,家属被告知孩子已处于脑死亡状态。

也许是无法接受女儿脑死亡的结果,一直支持捐赠女儿器官的付女士一度准备放弃捐赠。但在亲友们的支持下,她又坚定了最初的捐献意愿,和丈夫董先生一起在捐献意向书上郑重签字。

董先生说,女儿是一个乐于助人的孩子,捐赠器官是她的品德在人间的延续,这也是支持他们捐献女儿器官的动力。签字后,夫妻俩抱头痛哭,董先生一直搀扶着妻子,陪她走出病房。阳阳的姨夫李先生说,他们现在最大的愿望就是阳阳的捐献手术能够顺利进行。昨日中午12时,医生再次确认,最终判定阳阳脑死亡。与此同时,阳阳的捐献信息也被上传至卫计委中国人体器官分配与共享系统内。经过系统择优配对,阳阳的一颗肝脏、两颗肾脏被分别配对给3名患者。这意味着,如果一切顺利,13岁的阳阳将给3个陌生人带来生的希望。

4.请根据下面的材料主持一档新闻节目。(关键词:90后、实习生、拒订盒饭)

近日,一条关于实习生拒绝订盒饭的微博引发网友激烈讨论,几天之内转发量、评论量累计超过10万次。

网友易小术在微博中爆料:和央视某主任聊天,他说一周前来了几个青春洋溢的实习生,计划好好培养。前天开策划会,他对其中一位实习生说:“麻烦你开完会给大家订盒饭，按人头，我请客。”该实习生认真地说：“对不起，我是来做实习导演的，这种事我不会做。”

不少网友跟帖吐槽身边的90后实习生：不懂礼貌、太自我、目的性强。但也有不少90后不服气地跟帖表示：社会是平等的，你们的观念out了！

国家二级心理咨询师沈玉认为，从“实习生拒绝订盒饭”这件事来看，不少90后在职场上还有很长的路要走。同时，对于如何培养和使用90后职场新人，用人单位需要做到有的放矢、对症下药。

沈玉表示，90后的孩子很知道自己想要什么，他们大胆、开放。对于用人单位而言，首先要了解这一群体的特征，因势利导，帮助他们认清自身优势和特点。相信在单位规章制度和企业文化的双重作用下，90后群体会逐渐成长起来。

5.请根据下面的材料主持一档新闻节目。（关键词：地沟油、航空燃料）

让中国消费者闻之色变的地沟油在别人眼里却可以“飞上天”。7月，2000吨产自上海的废弃油即将开始它们的“飞天之旅”，在通过报关等手续后，这些油将被荷兰皇家航空的技术人员加工成航空生物煤油，供飞机使用。

上海市食品安全委员会办公室相关负责人介绍，废弃油中含有大量的动物油脂。这些油脂经过提纯、化学反应等特殊处理后，可以加工成为“0号生物柴油”；进一步处理后，其燃烧值等指标可以达到飞机燃料油的标准。

2012年，上海绿铭环保科技股份有限公司与荷兰皇家航空签订战略合作协议。绿铭公司将为荷兰皇家航空提供由废弃油转化成的“0号生物柴油”1万余吨。7月起，第一批油即将发货，再经过荷兰公司的技术处理后变为航空生物煤油，供飞机使用。

绿铭公司执行总裁张英文介绍，航空生物煤油与普通燃料油并没有太大区别，各大航空公司对于这种油的燃烧值等指标都有严苛的标准。只要达到这些标准，对飞机的发动机就不会造成伤害，可以直接使用。

6.请根据下面的材料主持一档新闻节目。（关键词：老人摔倒、初中生扶）

一位老人骑车摔倒，路人熟视无睹。3名路过的初二女学生看到，扶起老人并将他送回家。昨天,家住青山区的老人的儿子昌先生专程给钢城八中校长办公室打来感谢电话:“谢谢3名姑娘呀!”

这3名学生分别叫刘双双、王佳仪和陈吉虹,都是钢城八中初二(3)班的学生,住在建设一路金鹤园小区。

大年初一晚8点左右,3个女孩约好到小区门口的空地上放烟花,刚走出门口,就看到一名60岁左右的老人倒在一辆自行车旁边,头上还流血了。

“突然看到,吓了我们一跳。”王佳仪说,当时有很多大人路过这里,但都绕着走,没有一个人过来问。“我们快点把这个爷爷扶起来吧。”刘双双建议,3个女孩便一起上前,扶起了老人。刘双双看到老人有手机,就拿过来拨通了一个电话,对方是老人的一个亲戚。听说情况后,这个亲戚赶紧通知了老人的儿子。

将老人扶起后,她们又询问了老人的家庭住址,并将老人送回了家。

开学后,老人的儿子昌先生给学校打电话,感谢孩子们对父亲的帮助。昌先生对记者说:“我父亲当天晚上在亲戚家喝了酒,骑车回家的时候不小心摔倒了,多亏3个孩子的帮助。现在很多老人摔倒了,路人都不敢扶,3个孩子的举动让我非常感动,她们的精神值得弘扬。”

7. 请根据下面的材料主持一档新闻节目。(关键词:幼儿园、摇号)

广州市十个部门的负责人昨天下午集体出席了市人大十四届三次会议记者招待会,市教育局局长屈哨兵在会上表示,广州将针对公办幼儿园“入园难、入园贵”的现状进行改革。今年开始,公办幼儿园逐步面向社会摇号招生,具体方案将于4月出台,以保证9月顺利开学。据介绍,目前广州市公办幼儿园分市、区两级管理。只要本市户籍或符合入户条件的孩子,都可报读市级幼儿园,这也意味着报读市级幼儿园可以跨区。如报读区级幼儿园,只可在本区所属幼儿园报名,不可跨区报名。

屈哨兵说,一个家庭可同时报名市、区两级幼儿园,但如果两个都摇中,只能选择一个,名额亦不可转让。

8. 请根据下面的材料主持一档新闻节目。(关键词:突发环境事件)

(1)2015年2月7日15时许,一辆槽罐车因刹车失灵,在龙岩市永定区龙潭镇下坡处侧翻，导致氨水及消防水泄漏，并沿道路边沟流入永定县龙潭镇联中村境内，泄漏量约 5 吨。

事故处置完毕后，经应急布点监测和后期跟踪调查、采样监测，泄漏的氨水及消防水未造成下游农作物损失及河道死鱼现象，对龙潭镇河段影响不大。

(2)2015 年 6 月 5 日 22 时许，在龙岩城区洋潭建材市场一仓库内，发生一起化学品泄漏事件。接报后，相关部门立刻赶赴现场处置，对周边群众进行疏散，由环保监测站对周边水样进行采样分析。

经查，建材市场仓库内存放的溴代苯丙酮泄漏 20 多升，现场由消防人员进行喷雾吸收。泄漏的溴代苯丙酮大部分已挥发，少部分随消防水进入东肖溪。监测结果表明，泄漏的溴代苯丙酮对东肖溪影响不大。

(3)2015 年 6 月 24 日 15 时许，在龙岩市新罗区适中镇后祠隧道内，一辆油罐车追尾一辆重型挂车，造成油品泄漏，并流入适中镇莒舟溪。

事发后，相关部门成功收集打捞油品约 6.5 吨。环保部门对中心城区及小溪河流域的调查和监测显示，曹溪马坑以下龙津河流域水质石油类污染物达Ⅳ类水质以上标准。

据龙岩市环保局工作人员介绍，发生极端天气，超出企业、库坝的设计极限，极有可能引发环境事件。同时，龙岩地属山区，地形复杂，易发生交通事故，进而引发次生环境污染事件。

此外，不少企业在生产过程中管理不善，不按操作规程作业，也极易发生安全事故，进而引发次生环境污染事件。

这名工作人员说，虽然相关部门对重金属排放企业，化工、合成革、印染等重污染企业以及饮用水源保护区和集中治污企业（设施）等进行了全面检查，成效显著，但龙岩环境总体形势依然严峻。

9. 请根据下面的材料主持一档新闻节目。（关键词：异地高考、辩论）

“非京沪户籍家长到教育部门上访，要求开放随迁子女就地高考，屡遭户籍居民包括年轻未婚居民阻挠……为了正义和真理，本姑娘邀请京沪户籍人士于 10 月 25 日在大沽路 100 号上海教委辩论，欢迎报名参加。”10 月 21 日，占海特在她个人实名认证微博上发出“约辩”战帖。

占海特是一名非沪籍孩子,但从小在上海上学,学习成绩优异。为了得到和上海本地孩子一样的权利,她和沪籍人士进行了辩论。在持续约半小时剑拔弩张的对峙中,一位戴墨镜做出奥特曼手势的反对者用沪语高喊:“上海的资源是阿拉三代人血汗积累下来的,凭什么让你们随便侵占?”非沪籍家长也不甘示弱,针锋相对地喊出“争取高考权利,教育平等,我们是新上海人”的口号。

占海特说,她不希望等待改变,她想做的是推动改变。她自诩为“少年公民”,也希望自己是最后一个因非沪籍而失学的案例。

10. 请根据下面的材料主持一档新闻节目。(关键词:抗日剧、低俗化)

近日,央视《新闻1+1》节目批判现在的抗日剧太低俗。究竟是什么原因造成了这个现象?片方和电视台各执一词。对于抗日剧拍成武侠剧、偶像剧甚至是劣质科幻剧的现象,片方认为这与现在观众的“重口味”有关。“抗日题材这几年已经严重饱和了,观众看得也多,这就意味着你要不选择重复他人,要不选择出奇制胜,”一位编剧告诉记者,并不是自己想写“雷剧”,而有时候是投资方要求,“他会要求你猎奇,不然卖不好。”

去年,全国上星频道播出电视剧约200部,其中抗战剧及谍战剧超过70部;而已获审批的近代题材电视剧有303部,其中革命题材、抗日剧就占半壁江山。横店影视城一年接待剧组150个左右,其中30%的剧组涉及抗日题材。截至昨天,影视城内17个剧组中还有7个在拍抗日剧。

这是一个恶性循环,为了在抗日剧中脱颖而出,片方不断挑战观众的底线,把抗日剧当成一个篮子,武侠、偶像、奇幻都往里面装,因此才出现了“手撕鬼子”“弓箭对子弹”“手榴弹炸飞机”等怪象,导致了“越雷越火”的荧屏怪象。

11. 请根据下面的材料主持一档新闻节目。(关键词:官员、豪车)

近日有媒体报道,西安公路管理局长安公路段一陈姓段长的配车为进口大切诺基,裸车价格60多万元,排量为3.6升。据了解,西安公路管理局长安公路段段长是科级干部,其使用的车辆已远远超过现行公务用车标准,比正部级干部的配车标准还要高。

根据《陕西省市、县、乡党政机关公务用车配备使用管理办法》规定,市、县、乡党政机关购置公务用车应选择国产品牌汽车，排气量 1.8 升(含)以下、价格 18 万元以内的轿车。而该段长所乘车辆裸车价格就达 60 多万元，涉嫌严重超标。同时，西安公路管理局网站上显示，长安公路段主要承担长安区境内省道 S107 和县道共 36.41 公里的公路养管任务，行使本辖区的公路路政管理职能。该辖区道路平坦，并没有必要配备这样的越野车。

记者从当事公路管理段的上级部门西安公路管理局了解到，当事段长已被停职接受调查。

12. 请根据下面的材料主持一档新闻节目。(关键词：大学生、贷款消费)

办理小额消费贷款服务的武汉捷信公司近日称，从去年开始的一年时间内，公司为两万多名武汉大学生办理了贷款业务。这些学生贷款主要用于购买苹果手机、电脑以及其他电子产品。消息传出，引发各方热议。

记者近日来到赛博数码广场，这里是武汉高校学生购买苹果等电子产品较多的地方。地下一层随处可见“捷信”红色的中英文标志，基本上每家商户都是捷信的合作商家。在一家名为“王国数码通信”的柜台，商家告诉记者，店里主营苹果、三星、索尼、HTC、华为、中兴等品牌手机，支持捷信分期付款。

记者看到其中一家的价目表上显示：贷款金额分为 14 档，从 540、1000 到 10 000 元不等；期数分为 3 档：9 个月、12 个月、15 个月。以贷款 2000 元为例，选择期数 12 个月，月供为 246 元，算下来，年利率为 47.6%；以贷款 5000 元为例，选择期数 12 个月，月供为 613 元，年利率为 47.12%；以贷款 10 000 元为例，选择期数 12 个月，月供为 1103 元，年利率为 32.36%。

捷信公司称，从一年多的运营情况来看，逾期未还的学生有近 100 名，有的电话已经打不通了，向户籍所在地发催款函也没有回应。公司已经将这些人的不良记录上报到有关金融部门，这些大学生将背上信用污点。

13. 请根据下面的材料主持一档新闻节目。(关键词：2 岁半、近视 500 度)

华华今年 2 岁半，近一段时间，妈妈发现华华看东西常眯着眼睛。昨天带到医院眼科检查，发现华华有近 500 度的近视。华华的妈妈说，孩子一岁半时就开始接触 iPad，只要孩子哭闹，大人就拿出 iPad 给他玩。

半年前,华华的妈妈又买了新款 iPad,下载了许多画画、儿童故事等软件,希望孩子在游戏中学习,华华玩 iPad 的时间也越来越长。医生说,正是由于过度使用 iPad,华华才会假性近视。

中南医院眼科教授蔡小军说,他曾接诊过一位 8 岁的小学生,近视高达 700 度,同样是电子视频产品的小粉丝。

2015 年 4 月 15 日,国家卫生和计划生育委员会发布《儿童眼及视力保健技术规范》提出,儿童(0—6 岁)操作电子视频产品的时间每次不宜超过 20 分钟,每天累计时间建议不超过 1 小时,2 岁以下儿童应尽量避免操作电子视频产品。专家表示,屈光不正的儿童要到具有相应资质的机构进行诊治,不要盲目使用眼保健产品。

14. 请根据下面的材料主持一档新闻节目。(关键词:假名、购车票)

10 日,福州一网友发微博称,自己用动漫人物的名字在 12306 网站订了两张动车票,并顺利取票进站上车,实现了从福州站到福州南站的往返。

从该网友晒出的照片可以看出,这两张车票分别是:福州到福州南的 D6231 次,车票上名字是"月麟";另一张是福州南至福州的 D6424 次,车票上名字是"东风谷早苗"。这两个名字并非该网友的真名。

10 日下午,记者联系了该网友。他说,自己在网上看到一个传言,只要身份证号码正确,随便用化名就能在 12306 网站买到票,他想亲身证实一下。为了尽量不影响他人购票,他选择短途的福州站到福州南站进行测试。他去福州火车站取票时,发现在取票机上取不出来,就到售票窗口取票,递上身份证,报上订单号,工作人员只核对身份证号码,并没有看票面上的名字,就把两张动车票给他了。之后,他也顺利通过安检,成功上车。

15. 请根据下面的材料主持一档新闻节目。(关键词:瘫痪、自制呼吸机)

由于车祸,浙江台州黄岩区 25 岁的付学朋颈部以下全部瘫痪,就连呼吸都不能自主进行。为了让儿子活下去,付学朋的父母自制了呼吸机,5 年间不间断地轮流守护着他,延续着他的生命。

2006 年 3 月 8 日傍晚 7 点多,25 岁的付学朋在骑摩托车去超市买东西时与迎面开来的一辆轿车相撞，付学朋身受重伤。法院判决轿车车主一次性赔偿30余万元，而据付学朋的父母付敏足夫妇说，治疗和维持费用已经花去110多万，其中七八十万都是亲戚们凑的。

由于付学朋自己完全不能主动呼吸，在刚开始的一年多时间里，付学朋全靠付敏足夫妇和两个女儿、女婿每天不间断地捏呼吸球维持呼吸。直到第二年4月份，付敏足的弟弟在电视里看到自制呼吸机的办法，才结束了付学朋完全依靠手工捏球来延续生命的日子。

但是，当机器转动起来，每天需耗费五六块钱的电费，一个月就是一百四五十元。所以，两位老人只舍得晚上开，白天他们依然和以前一样捏呼吸球。在付学朋卧床的这5年间，两位老人捏破了6个简易呼吸球。

16. 请根据下面的材料主持一档新闻节目。（关键词：雷锋主题电影、零票房）

3月5日是学雷锋日，一部讲述雷锋成长经历的传记电影《青春雷锋》在南京上映。遗憾的是，这部《青春雷锋》在南京上映首日竟然出现了“零票房”的尴尬局面。

《青春雷锋》上映前，做过几场首映，有媒体报道称“电影广受赞誉”。影片用生动的影像和鲜活的细节展示了“感恩社会、热爱生活、自强不息、艰苦奋斗、助人为乐、服务人民”的雷锋精神。片中还涉及了雷锋的爱情生活，还原了真实的雷锋。按照惯例，类似的主旋律影片不会太受关注，但考虑到影片的“正能量”，南京各影城依然为本片安排了9个场次。但遗憾的是，昨晚，主城区新街口国际影城的工作人员告诉记者：“没有一位观众买票，都是到时候取消放映了，四场均是零票房。我们也挺惊讶的，一般来说，一部电影总能卖出些票。”影城负责人表示，今天还会为《青春雷锋》安排几场，但到7日，有多部新片上映，就不会有《青春雷锋》的位置了。

17. 请根据下面的材料主持一档新闻节目。（关键词：行贿、洋教授）

据英国《每日邮报》报道，在英国巴斯大学攻读管理学硕士学位的26岁中国留学生李洋（音译）学位论文没有及格，教授为他提供了三种选择，但无论他怎么选,都无法如期毕业,必须再读一年。为此,李洋做了“第四种选择”,向教授行贿 5000 英镑。最后他行贿未果,并在拿外套时从口袋里掉出一把仿真手枪。李洋之后被捕,承认行贿、拥有仿真枪罪行,法院为此判处其 18 个月徒刑。

李洋的律师詹姆斯辩护称,李洋来自一个比较富有的中国家庭,性格很好。当天早上,李洋拿钱出来是为了和教授一起欢度周末,而不是为了贿赂他以获取学位。

法官迈克尔·朗曼告诉李洋:“你试图说服一名大学教授修改你的论文成绩,还试图行贿,这个想法从一开始就是错误的。你在那样的情景下拿出大额现金来,我不认为这是恰当、合时宜的做法。很明显,这样的行为是经过盘算的,是有预谋的。而你明知自己随身携带了一把可以射击的仿真枪械,还让他人看到,给他们带来危险。”

最终,李洋因意图贿赂大学教授而被判一年监禁,同时因携带仿真枪械获刑 6 个月,两罪并罚 18 个月。

18. 请根据下面的材料主持一档新闻节目。(关键词:真人图书馆)

在河北省唐山市路北区有一家依托咖啡厅创立的“真人图书馆”,5 本“真人书”与慕名而来的读者分享了自己独特的人生体验。他们中既有专业作家、心理咨询师,也有公益组织创办者、电子音乐发烧友和收藏达人。

提起图书馆,人们一般都会想到排列整齐的书架,上面摆满各类图书。但在“真人图书馆”,读者不是借阅图书,而是与拥有故事的人面对面交流。

“真人图书馆”这种文化形态从 2012 年进入中国并迅速遍及十几个城市。在上海、北京、广州、成都等一些城市,“真人书”阅读活动已经依托学校、书店、咖啡馆、图书馆等平台开展起来,并立足社会公益,所有阅读活动都是免费的。

据唐山市这家“真人图书馆”的创立者胡纬介绍,他们通过自荐或志愿者推荐等方式,征集有独特人生经历的“真人书”,并通过网络公布资料,约定阅读活动的时间,对“真人书”感兴趣的读者可以主动报名。一本“真人书”可同时与 5—8 位读者自由交流,其间随意发问,“真人书”会真诚分享自己的经历。

胡纬说,创办“真人图书馆”就是希望消解偏见和阻隔,让缺少话语权的群体发声,搭建平等的交流平台。

19. 请根据下面的材料主持一档新闻节目。（关键词:抗战老兵、致敬国旗）

他们曾为抵抗侵略者浴血战斗，他们曾为梦想中那个繁荣富强的新中国奋勇杀敌，他们见证了国家从饱经战乱到和平繁荣的过程。如今，他们胸前挂满勋章，和后辈一起共享盛世，共庆新中国成立70周年。

2019年7月5日凌晨3点半，94岁的抗战老兵孙佑杰，在老兵帮扶计划烟台志愿者的陪同下来到天安门广场，观看升旗仪式。

不少人为了观看升旗仪式夜宿广场，凌晨的天安门广场人如潮涌。但拥挤的人们看到这位抗战老兵的轮椅，就自动让开一条通道，把孙老让到最前面。

4点51分，庄严的时刻终于到来，国旗班护送着五星红旗走过金水桥，向期盼已久的人们走来。面对五星红旗，孙老立正敬礼，向这面战友们鲜血染红的旗帜致敬。现在，老人用鲜血捍卫的国旗，高高飘扬着。

20. 请根据下面的材料主持一档新闻节目。（关键词:云生活、电子产品）

“Kindle阅读器、蓝牙音箱……”盘点宅家期间入手的“宝贝”，在北京工作的工程师李喆发现，除了柴米油盐等生活必需品，自己在电子产品上的支出越来越多。

“阅读、游戏、音乐都是长时间居家的学习娱乐活动，而这些电子产品为漫长的‘宅’生活增添了趣味。”李喆说。

在线下消费因疫情遇冷之时，“云生活”带动部分消费电子产品销量大增。新兴产品供给持续增加，让不少新业态得以逆势发展。

国家统计局数据显示，2020年1—2月，3D打印设备、智能手表、智能手环等电子产品需求增长较快，产量同比大幅增长，增速分别为101.0%、119.7%、45.1%。新兴动能成长势头没有改变。

在几大电商平台上，电子产品的销量也有增无减。2月，苏宁易购、京东等电商平台上，笔记本电脑、平板电脑、打印机、智能摄像头等都成为热销产品。或许正是看到了消费新需求，不少电子科技企业选择在近期发布自己的新产品。其中，苹果公司近日推出新款平板电脑iPad Pro和电脑Macbook Air，受到广泛关注。

21. 请根据下面的材料主持一档新闻节目。(关键词:外卖、“精神粮食”)

打开手机里的外卖平台 App,搜索想买的书,把它加进“购物车”结算,几十分钟后,外卖小哥就会把书送到顾客手里。

近日,在北京、上海、成都等城市,部分实体书店进驻外卖平台,外卖小哥的配送箱里,除了饭菜、生鲜、药品,还增加了“精神食粮”。

2020 年 3 月 25 日,记者体验了一次外卖平台购书。进入美团 App 首页的“外卖”专区,在搜索框输入“书店”,就可以看到新华书店、中信书店等知名书店。

这些店铺图标的右上角几乎都标有绿色的“新店”二字。除了书籍,有的店铺内还售卖各种文具和文创产品。

据悉,3 月初,北京市与美团达成协议,首批 72 家北京市实体书店进驻美团外卖平台,其中既有新华书店、涵芬楼书店等老字号,也有特色鲜明的小众书坊、码字人书店等。美团平台对书店免收入场费,每单只收取 4%的技术服务费和 4 元的配送服务费。

此前,成都就有言几又书店联合饿了么平台提供外卖送书服务。而在上海等城市,也有书店开始在外卖平台上线。

22. 请根据下面的材料主持一档新闻节目。(关键词:沙漠湿地、绿色力量)

沙、水、树融为一体——这是位于宁夏吴忠市盐池县的哈巴湖国家级自然保护区的独特景观。在这个“荒漠草原—湿地”生态系统类型的保护区,生机勃勃的草地、波光粼粼的水面……任何一点绿色都来之不易。

近年来,通过实施湿地生态恢复、修复工程,这里的湿地生态系统功能明显提升,为野生动物提供了宝贵的觅食、繁殖、栖息环境,鸟类数量逐渐增加。2019 年 3 月,“我们在花马湖监测点的湖面上观测到全球极危物种青头潜鸭两只”。哈巴湖国家级自然保护区管理局科研宣教科科长余殿告诉记者。

如今,依偎在哈巴湖国家级自然保护区的盐池县,林木覆盖度、植被覆盖度分别达到 31%和 70%,年扬沙天气由 10 年前的 54 次下降到现在的 9 次左右。

生态环境改善,也为当地发展旅游业提供了机遇。花马寺国家森林公园就位于哈巴湖国家级自然保护区内,这里独特的人工林景观、荒漠草原景观吸引着越来越多的游客慕名而来。在花马寺国家森林公园的景区里，成片沙柳在沙海中摇曳，远远望去，沙、水、树融为一体。

据统计，花马寺国家森林公园成立十余年来，累计接待游客20余万人次，旅游收入超过千万元。

23. 请根据下面的材料主持一档新闻节目。（关键词：非法野生动物交易）

十三届全国人大常委会第十六次会议表决通过了《全国人民代表大会常务委员会关于全面禁止非法野生动物交易、革除滥食野生动物陋习、切实保障人民群众生命健康安全的决定》。《决定》在野生动物保护法的基础上，以全面禁止食用野生动物为导向，扩大法律调整范围，确立全面禁止食用野生动物的制度，打击非法野生动物市场和贸易。

2020年2月26日，最高检下发通知，要求全国检察机关从严打击涉珍贵、濒危野生动物犯罪。最高检第一检察厅厅长苗生明表示，总结分析检察机关近年来打击涉野生动物犯罪的办案情况发现，依法准确适用刑法规定的相关罪名，坚决从严打击涉珍贵、濒危野生动物犯罪，有助于有效保护野生动物，但从法律保障和规制来看，还有需要加强的地方。“首先，要从立法层面完善野生动物保护法律法规，扩大野生动物的保护范围；其次，要完善惩治乱捕滥食野生动物的法律法规，并从司法方面坚持从严打击。”苗生明介绍，最高检要求各级检察机关把好刑法打击的入口关，对于构成犯罪的要坚决打击，特别是对于非法捕杀、出售珍贵、濒危野生动物等“源头”犯罪，坚决从重打击。

谈到非法野生动物交易和滥食等行为长期存在的原因，苗生明表示，既有法律法规有待健全完善的原因，也有执法司法机关监管力量薄弱的原因，“如果仅从道德层面约束人们不要食用野生动物，效果非常有限，应该从法律层面将其纳入打击范围，这样既能保护野生动物资源，也能保护人类自身”。

24. 请根据下面的材料主持一档新闻节目。（关键词：“云”上艺术课）

从2020年2月中旬开始，天津北方演艺集团和天津市文旅局联合推出“名家新秀艺术云课堂”。在这个艺术云课堂上，30余位艺术家通过网络直播的方式，轮流为市民讲授艺术知识，传播高雅艺术。

第一期直播的嘉宾是陈亭。直播开始前,她调亮书房灯光,打开手机的摄像头,“觉得既兴奋有趣,又有些紧张忐忑”。直播中,她自说、自演、自唱,在近30分钟的时间里,向观众介绍了河北梆子的艺术特色,演唱了王派的两个经典唱段,还列举了民族唱法和戏曲发声的不同。

陈亭发现隔着屏幕跟观众交流的感觉很新奇——虽然没有了现场观众的叫好声,可直播间里飘起的一个个“小红心”以及时不时出现的“棒棒糖”“啤酒”“穿云箭”,让她完全能够隔着屏幕感受到粉丝的热情。

把艺术搬到“云端”的不仅有天津,“云”上艺术课已经成为很多城市文化服务的“标准动作”。

中国互联网络信息中心(CNNIC)第43次《中国互联网络发展状况统计报告》显示,中国网民以中青年为主,截至2018年年底,10—39岁的群体占网民总数的67.8%。因此,高雅艺术“触网上云”遇上年轻人成为必然。

25. 请根据下面的材料主持一档新闻节目。(关键词:援疆)

59岁的张锐中等个头,两鬓有些斑白,说话不紧不慢。办公室茶几上,放着两个胡杨木的根雕。“从农民手上买的,要带回北京去。”因为援疆快结束了,张锐话语中透着不舍。

回忆起当初的援疆选择,张锐仍感到很激动。2016年12月20日,领导找他谈话:“援疆前方指挥部需要一位农业技术人员,你能去吗?”“我能去!”张锐声音不大,却斩钉截铁。

“这是一种召唤,我的心听从了,”张锐说,之前曾有抵触情绪,“单位这么多人,为什么要选快退休的我。但当我得知当地情况后,我感到不能推辞。”

张锐的父亲参加过抗日战争、解放战争、抗美援朝战争等,父亲言传身教,“援疆”这个词在张锐的心中分量很重。当夜,张锐在日记中写道:“战争年代,对一名共产党员的要求是付出生命和鲜血。和平年代,当党组织需要时,共产党员要勇敢地接受并圆满地完成任务。”

大学毕业后到北京市林业果树科学研究院工作,张锐一干就是30多年。他对业务精益求精,主持过多项国家级林果业课题,仅农业规划就做过200多个。

沙漠中土壤养分少，张锐一次次试验，终于摸索出将沙子、椰糠和羊粪按比例复配种植高产农作物的法子。当地贫困户承受风险能力弱、设施农业管护经验少，张锐和有关部门一起完善了“专家＋农户＋公司＋合作社”的全托管企业化运作模式。

目前，1100亩的园区已成为农业现代化科技示范基地、农业科技成果转化基地和农民就业人才培养基地，示范作用初显。“越难的事情，越会激发我的斗志，我愿做沙漠中的一滴水。”张锐说。

26. 请根据下面的材料主持一档新闻节目。（关键词：国潮）

大白兔奶糖、雅霜润肤膏、回力运动鞋……这些陪伴了几代中国人的老品牌近年来勇于创新，打造更时尚、更年轻的品牌形象，赢得越来越多海内外消费者的喜爱。

在上海时尚地标新天地，比利时巧克力品牌歌帝梵专卖店正在主推大白兔奶糖风味的冰激凌和冰饮。一些消费者品尝后在网络上评价：“有童年的味道。”

包裹着糯米纸、奶味十足的大白兔奶糖1959年在上海诞生，是属于几代人的甜蜜回忆。如今，“年逾”60岁的大白兔不仅销量稳定增长，品牌也越发年轻化、时尚化。大白兔奶糖生产商上海冠生园食品有限公司介绍，近几年大白兔奶糖年产量增长率为10%左右，今年已生产2.7万吨。大白兔奶糖陆续推出抹茶、提拉米苏、咖啡、榴梿等新口味，并开始跨界营销。

眼下，大白兔正在与东南亚地区的7-Eleven、全家、罗森等便利店接触，计划推出适应当地市场需求的小包装奶糖。同时，大白兔也在积极拓展美国的好市多、沃尔玛等超市渠道，开拓西方市场。

27. 请根据下面的材料主持一档新闻节目。（关键词：榜样、力量）

榜样把人生的意义变成鲜活的形象，让远大理想、优良品格、高尚人格在自己的实际行动中生动展现出来。国家勋章和国家荣誉称号获得者以及各条战线涌现的英雄模范的先进事迹和突出贡献光耀史册，他们树立起励人心志、催人奋进的光辉榜样。他们用行动证明：只要有坚定的理想信念、不懈的奋斗精神,脚踏实地把每件平凡的事做好,平凡的人也可以拥有不平凡的人生,平凡的工作也可以创造不平凡的成就。这也启示我们:英雄模范并非高不可攀,从平凡走向伟大的路就在脚下。自觉见贤思齐,像英雄模范那样坚守和奋斗,弘扬其忠诚、执着、朴实的品格,人人都能在追梦征程上为社会进步作出贡献。

"止于至善,是中华民族始终不变的人格追求。"这一人格追求,在英雄模范身上得到充分展现。从"心中装着人民,唯独没有自己"的优秀公仆,到"苦干惊天动地事,甘做隐姓埋名人"的铸剑元勋;从"功成不必在我,功成必定有我"的真诚奉献,到"此生属于祖国,此生无怨无悔"的赤子胸襟,英雄模范在平凡的工作生活中,拥有追求至善的品德修为和人格理想,为国为民忘我工作、无私奉献,不计个人得失、不图一己功名,舍小家顾大家、严私德明大德,展现出一种伟大的人生境界。我们只有把英雄模范当作标杆,以修身立德养浩然正气,淡泊名利、甘于奉献,才能在追求至善中升华境界、永葆本色,成为良好社会风尚的引领者。

28. 请根据下面的材料主持一档新闻节目。(关键词:中医药发展)

2019 年,我国中医医疗机构快速增长,中医药服务能力持续提升。国家中医药管理局提供的数据显示,自中医诊所备案制实行以来至 2019 年 6 月底,我国中医医疗机构共有 6.3 万多家,其中中医类医院有 5016 家。

为了提升中医药服务带给老百姓的获得感和满意度,2019 年 7 月,国家中医药管理局发出通知,要求在各级各类中医医院加快推广实施一批优化流程、改善服务的措施。如在官网开通便民就医导航专栏,对中医医院内导诊标识指示牌进行整改,在省级及以上中医医院推广"一站式服务",等等。一系列举措大大方便了老百姓看中医。

2019 年 10 月,中医药迎来"高光时刻"。全国中医药大会召开,《中共中央 国务院关于促进中医药传承创新发展的意见》出台,提出 20 多个方面百余条具体意见,为中医药发展"把脉开方"。这些举措力克中医药传承创新发展过程中的"疑难杂症",致力于让老百姓更好地享受覆盖全生命周期的中医药服务。

展望未来，不少专家认为，随着关于促进中医药传承创新发展的意见的落实举措出台，中医药“走出去”的步子将迈得更大，原创优势将得到更大发挥，基层服务能力将得到快速提升，“家门口看中医”的福利将惠及更多百姓。

29. 请根据下面的材料主持一档新闻节目。（关键词：人口老龄化）

伴随着人类文明进步，人口老龄化是社会发展的重要趋势。按照世界卫生组织标准，60 岁以上人口比重超过 10%，或 65 岁以上人口比重超过 7%，即被视为进入老龄化社会。1970 年，日本进入老龄化社会，目前是全球人口老龄化程度最高的国家。我国也已经进入老龄化社会，第五次全国人口普查显示，2000 年我国 65 岁以上人口比重为 7.1%。2000—2018 年，我国 60 岁及以上人口从 1.26 亿人增加到 2.49 亿人，人口比重从 10.2%上升至 17.9%。

不过，日本、德国等发达国家的人口老龄化是建立在丰富的物质财富基础之上的，而我国是世界上最大的发展中国家，物质财富仍需积累，这样的人口结构已经深刻地影响到社会供求结构和增长动力，是我国经济结构调整必须面对的重大课题。一是社会财富储备面临挑战。从生产和消费的生命周期角度分析，老年人的消费高于生产，在“未富先老”的条件下，这样的人口结构很可能带来养老挤占青年财富积累的问题，增加迭代养老的风险。二是社会劳动力供应不足。随着人口老龄化加快、社会劳动力增速放缓和总量增长空间受限，就业市场的劳动力成本势必上升。这将降低我国中低端制造业全球竞争力，抬升社会整体物价水平。三是需求结构重大调整。从日本情况来看，超老龄社会已经对社会需求结构产生重大而深远的影响。四是供给结构高科技化。加大机器对人工的替代，加强人工智能技术探索，正逐渐成为发达国家应对人口老龄化、推动经济增长的重要途径。这些情况说明：老龄化社会正系统性地影响到社会经济结构。

第二节　话题材料类题库

一、实战引导

范例 5-10

请以“低头族”为话题主持一档节目。

模拟主持：Hello，大家好，欢迎收看今天的《不二说》，我是不二。昨天和两个高中同学见面，吃了两个小时的饭，而我也玩了两个小时的手机。回家后，其中一个同学发来微信对我的行为进行了委婉的指责。我反思了一晚上，感触良多。今天我们就来探讨一个话题——“低头族”。

相信大家对这个词并不陌生，随着科技和社会的发展，包括我本人在内的许多人加入了“低头族”。我们在路上行走的时候低头看手机，在朋友聚会的时候低头看手机，上厕所的时候低头看手机，睡觉前最后一件事是看手机，醒来后第一件事还是看手机。手机是社会高度发展的一种体现，极大地方便了人与人之间的沟通和交流。但是手机在方便人们的同时，也带来了一些危害和问题。那么，经常低头看手机对我们到底有哪些危害呢？

首先，长时间低头看手机，容易得颈椎病。据报道，一个 19 岁的小伙子因为长时间看手机导致颈椎畸形。有专家说，如果我们低头的幅度超过 30°，并且长期保持这样的姿势，对颈椎造成的伤害比看电脑还要大。另外，长时间玩手机也会对我们的眼睛造成危害。这一点相信大家都有所体会，尤其是三更半夜在黑暗中看手机，对眼睛的伤害非常大。

其次，过于依赖手机会使我们与朋友和家人的交流变少，人与人之间的感情变淡。朋友聚会，本来大家应该高高兴兴地畅聊一番，好长时间不见应该有很多话要分享，但是现在的情况基本上就成了大家聚在一起各玩各的手机，“有时间一起出来吃饭”的邀约仿佛变成了“有时间一起出来玩手机”。原本加深感情的氛围被手机破坏无遗。聚会中那种喜悦兴奋的感觉荡然无存，每个人都活在自己的虚拟世界中。

在这里，不二想说，人生短暂，只有我们亲眼看到、亲身感受到的一切才是最真切的。我们为何不去追求那些真实生活中的美好呢？让我们放下手机，多去外面走走看看吧！你会发现生活远比你想象得精彩。

好了，今天的节目到这里就要结束了。今天是周末，快约上好友来一场没有手机的约会吧！我是不二，我们下周同一时间再见！

范例 5-11

请以“月光族”为话题主持一档节目。

模拟主持：Hello，大家好，欢迎收看今天的《不二说》，我是不二。节目开始之前我看了一下银行卡余额，顿时流下了两行辛酸泪。只能说：生活不易，且行且珍惜。我承认，我是一个不会理财、不会挣钱但是很会花钱的人，今天我们就来聊一下“月光族”。

我，作为一个“月光美少女”，其实很惭愧，经常被家里的长辈教导要有计划地花钱，不能乱花。但是前两天我看到一条新闻，让花钱这件事顿时变得硬气起来。这条新闻的标题是这样的：《罗永浩谈理财——年轻人当月光族以后会赚大钱》。

日前，罗永浩参加了国内某电视台的访谈节目，在节目中，老罗谈到了年轻人花钱的问题。在他看来，现在月光的年轻人将来一定能赚大钱。据罗永浩透露，他公司有一个设计部门的小伙子，一个月好几万的工资，但每个月都花得一分不剩，因为他经常买一些没什么用的东西，所以到月底前一周就没钱了，还要跟比自己收入低的同事借钱。罗永浩问他为什么，这位小伙子说，他觉得自己一定是要赚大钱的。如果你坚信这个，你生活里就一定不会理财，不但不会理财，如果有机会贷款，你还敢使劲贷款、使劲花。罗永浩听完表示自己特别高兴，并称自己也是这么想的。自己 20 多岁的时候就这样想，15 年前在新东方的时候，差不多年薪 60 万，对于一个 15 年前、20 多岁的人来说，是非常高的，但他每个月也是月光族。

相信大家听到这儿一定觉得自己的价值观被颠覆了，多多少少会对罗永浩的这个观点产生怀疑。在我看来,这种想法确实很大胆。但记得之前听过一句话:会花钱的人一定会赚钱。这样看来,罗永浩的说法也不是毫无道理的。存钱的人往往属于悲观主义者,由于对未来的不确定性充满恐惧,所以会存钱;而把钱花光的人相对乐观一点,相信未来会更好,会赚更多的钱。当然这个观点不是绝对的,也有存钱的乐观主义者。而中国人本身就善于存钱,因为中国人讲究“生于忧患,死于安乐”“有备无患,未雨绸缪”。国家如此,何况民众。不过我认为,罗永浩的观点未免过于极端。他在采访中表示:不要存钱,每一分钱都花干净,你将来一定能赚大钱。大家想想看,这对于现在的罗永浩来说没有什么不妥,但是放在其他家境普通的年轻人身上,仍然适用吗?

自己挣的钱想怎么花就怎么花,天经地义,但是知道如何有规划地花钱仍然是一件很重要的事情。学会理财,不论在何时何地都是一项重要的技能。看来为了不“吃土”,节目结束后我需要好好了解一下理财方面的知识了。

今天的节目到这里就结束了,最后祝大家会挣钱、会花钱,不做月光族和吃土族!我是不二,咱们下周同一时间再见!

范例 5-12

请以“京沪无缘最幸福城市,长沙被评为最幸福城市”为话题主持一档节目。

模拟主持:大家好!很高兴又和大家见面了,欢迎收看今天的《不二说》,我是不二。根据近日发布的国民大数据,长沙跃居全国“十个幸福城市”排行榜榜首。幸福城市指标,并不是经济发展的硬指标,而是市民休闲娱乐的软指标。到目前为止,长沙已经连续八年获评中国最具幸福感的城市。说到这里,我不禁感叹:长沙真是一个适合生活的好地方。

我在长沙上过四年学,可以说比较有发言权。想来想去,长沙之所以获得这样的称号,原因大致有以下几点:

首先,长沙人热情、开朗、大方,心理状态积极乐观,生活状态自由自在,知足常乐,饿了就睡,困了就睡,今朝有酒今朝醉。

其次,长沙物价适中、房价低,这样人们就可以拿出更多的钱进行消费娱乐，因此精神文化生活比较丰富。

最后，长沙好吃好玩的多。臭豆腐、口味虾、口味蛇、猪脚、炒饭炒粉……长沙的街道上到处都是美食。在大学城的周边，更有吃喝玩乐一条街，可以从头吃到尾。岳麓山、岳麓书院、橘子洲、五一广场、黄兴路步行街、天心阁等旅游景点也多，一到假期，游客爆满。长沙还有著名的“解放西路一条街”。在这里，你可以和朋友尽情地喝酒聊天，没准还有浪漫的邂逅。

除此之外，著名的湖南广电也坐落在长沙。闲暇时间，你可以去看《快乐大本营》《声临其境》的节目录制。晚上去一趟解放西路，没准你还能碰到芒果台的大咖。

这样看来，长沙被评为最具幸福感的城市可谓名副其实。说到这里，没有去过长沙的朋友是不是对长沙充满了好奇和向往呢？热情的长沙人民和美食等着你！

今天的节目到这里又要告一段落了，你心中最具幸福感的城市是哪里呢？欢迎大家把自己的想法发到我的微信公众号与我互动。我是不二，我们下周再见！

范例 5-13

请以“影院谢绝外带食品”为话题主持一档节目。

模拟主持：世间百态我来说，欢迎大家来到《戒备森言》。最近影院新上映了几部非常好看的电影，小森我呢，当然也不甘寂寞，和朋友一道在饭后走进了影院。但当我们选好电影准备入场时，却被保安拦了下来，指着我们吃剩打包的麦当劳说：影院明文规定，谢绝“外带食品”。眼看着电影马上就要开始了，我们也找不到东西存放处，就只能扫兴地将剩下的汉堡和薯条丢进了垃圾箱。

之前，庆阳的小伙伴和小森遇到了同样的事情。4月7日上午9时，市民王先生进入影院观影时，因外带饮料而遭到工作人员阻拦。工作人员表示：电影院明确规定“外带食品禁止进入”，而且在影院明显位置均有“谢绝外带食品”的公告。王先生对此表示质疑，影院谢绝外带食品，却在“自家地盘”上销售爆米花等食品，且价格远高于影院外，随即拨打“12315”电话向工商部门投诉。

接到投诉后，工商部门执法人员进行了实地检查。通过检查，执法人员发现该影院确实存在自定“霸王条款”的行为，随即根据《消费者权益保护法》《甘肃省消费者权益保护条例》有关规定，对该影院处以1000元罚款并责令限期整改。对于这项不合理的规定，影院工作人员道歉并解释：“影院是公共场合，一些食品带进去会有味道，影响其他顾客的观影感受。我们会及时向总店汇报，整改这项规定。”

我们可以看到，国家对于公共场所是否有权利禁止顾客外带食品是有明文规定的。因此小伙伴们下次要是有舍不得丢弃的美食，可以根据不同场所的有关要求进行自我辩护。但小森在这里要提醒大家，碰到这种事情咱们还是尽量以商量的办法来处理矛盾，为了几个鸡腿发生口角甚至是大打出手就得不偿失了。世间百态我来说，这就是今天的《戒备森言》，我们下期再见！

范例 5-14

请以“中国梦”为话题主持一档节目。

模拟主持：世间百态我来说，欢迎大家关注今天的《戒备森言》。今天，小森要和大家聊一聊我们的“中国梦”。中国梦是我们尊敬的习近平总书记提出的，三字一出，瞬间家喻户晓。中国梦对于不同的人有着不同的意义。不开玩笑地说，小森现在的中国梦就是希望电视机前的小伙伴们可以身体健康、阖家幸福，每天开开心心的，准时收看我们的《戒备森言》。那么我们身边的伙伴们又有怎样的中国梦呢？接下来，就让我们一起来看看吧。

在调查中我们看到，年轻人希望有一份好工作，小朋友希望考高分，父母希望孩子健康成长，老夫老妻希望生活幸福美满。其实，中国梦就是这么简单。中国梦的核心可以概括为“两个一百年”的目标：到2021年中国共产党成立100周年和2049年中华人民共和国成立100周年时，逐步并最终顺利实现中华民族的伟大复兴，具体表现是国家富强、民族振兴、人民幸福，实现途径是走中国特色的社会主义道路、坚持中国特色社会主义理论体系、弘扬民族精神、凝聚中国力量，实施手段是政治、经济、文化、社会、生态文明五位一体建设。中国梦，就是中国人的共同梦想。我相信，每一个中国人，除了希望自己的生活变得越来越好之外,肯定也希望我们的国家蒸蒸日上。

有了向往的梦,就有了努力奋斗的动力。因此,小森在这里邀请电视机前的小伙伴们一起来做大做好我们的中国梦,幸福自己,强大祖国!

好,今天的《戒备森言》就到这儿了,祝大家好梦,我们明天见。

范例 5-15

请以“海外代购”为话题主持一档节目。

模拟主持:关注身边时事,聚焦生活点滴,欢迎您收看本期的《聚焦生活》,我是主持人××。

今天我们讨论的话题是“海外代购”。说到海外代购,我想起了前些时候在网上疯传的一件事:曾引起各界高度关注的“离职空姐代购案”在北京市二中院开庭重审,庭审只进行了25分钟,没有当庭宣判。这件事之所以引来如此多关注的目光,原因就在于“海外代购”这个逐渐被人们所熟知的名词及其背后迅速发展的灰色产业链。那么,海外代购究竟是怎么一回事?它为何如此疯狂?它的未来又会怎样呢?今天我们就来聊一聊这个话题。

先来说说什么是海外代购,海外代购就是由代购商或经常出入境的个人帮消费者购买海外商品。听上去很简单,那海外代购怎么会变得如此疯狂呢?对此,我们也请教了相关专业人士。据了解,海外代购最高利润可以达到50%。代购模式大致有三种:个人或专业的代购团队去海外购买目标商品;卖家通过海外购物网站邮购,在国内分销;卖家在国外居住,帮国内买家代购,并邮寄给买家。三种模式的利润来源,除了折扣差价外,另一部分是“避税”,也就是逃避海关关税。这样对消费者来说,不仅商品的价格比国内便宜,而且商品的品质还很有保证,但这样却给国家带来了巨大的经济损失。

目前,海外代购走到了一个十字路口,“离职空姐代购案”的曝光,给从事海外代购业务的人们敲响了警钟。针对新的形势,我们国家已经出台了多项加强监管的措施。例如:进一步细化行邮税征税物品目录,进一步完善境外快递清关渠道,等等。在这里,我们也衷心地希望,海外代购能朝着一条健康正确的道路发展,也希望更多的朋友对国货多一点关心和关注。

好的,今天的节目到这里就结束了,《聚焦生活》,我们下期再会。

范例 5-16

请以“如果国宝会说话”为话题主持一档节目。

模拟主持:让国宝来传情,欢迎收看《国宝会说话》,我是主持人×××。

如果编钟会说话,或许它会对着现代钢琴说:“瞧,我能演奏出你身上所有黑白键盘的音物,可我却比你大了两千多岁呢,而且我在一个钟体上还能够发出两种完全不一样的声音,你听(正鼓音、侧鼓音)。”沉睡了两千四百多年的曾侯乙编钟从擂鼓墩的泥土当中苏醒之后,以恢宏的气势、丰富的乐律铭文、一钟双音的非凡效果惊艳了世界,在很多重要的历史场合发出了铿锵有力的中国之声。

而当我有机会在曾侯乙编钟的复制件上带领外国驻华大使敲响它的时候,我多么想跟它说说话。我想告诉它,我看到了外交官眼里的震撼和惊叹;我想告诉它,我是多么骄傲呀!和我一起敲响编钟的是谭军老师,就是他,让古老的编钟发出了年轻的声音。曾侯乙编钟在出土的时候,钟体保存完好,但是所有的钟槌都已经腐烂了,所以谭老师开始在钟槌上下功夫,不停地试不停地改。有时候甚至会用上“肉槌”,就是用手去拍打这个钟体,就为了寻找那个美妙的声音。这些全都是和谭老师朝夕相处的伙伴,当谭老师小心翼翼地交给我的时候,再三叮嘱我说:“这可都是我的宝贝啊!”

这里边有二十多年前在曾侯乙编钟原件上演奏过的槌子。我来带大家稍微感受一下。木制的钟槌在编钟上发出的声音圆润而饱满,如果换成橡胶的钟槌,它可以让编钟的声音更加醇厚绵延。不同的材质、不同的形状,谭老师已经研究出了 50 多种钟槌。这些钟槌让曾侯乙编钟不再是博物馆里面那个冰冷的青铜器,它让我们看到了国之重器的响器之魂。我想带大家来听一听古老而年轻的中国声音,这就是我们当代人发出的年轻声音,谢谢大家。

(改编自《2019 央视主持人大赛》文艺类选手刘熙烨参赛作品)

范例 5-17

请以“文明追星”为话题主持一档节目。

模拟主持：网罗最新资讯，掌握时事动态，大家好，欢迎收看本期的《今日观点》，我是主持人××。

近年来，伴随着文化娱乐产业的发展和媒介渠道的拓宽，以青少年为主体的粉丝群体、粉丝文化现象受到人们的关注。从买专辑、建贴吧到打广告、顶数据，粉丝群体不再满足于文化产品的单纯消费，而是深入参与到娱乐活动的策划传播中，成为“生产型消费者”。从观赏者到互动者再到“造星者”，粉丝群体在文化市场上一展其才，也使粉丝活动从线上走向线下。

但值得我们注意的是，粉丝活动既有蓬勃向上的一面，也存在无序、失序乃至无视社会规范的现象。比如，不久前发生的粉丝“代拍”导致航班延误、公开售卖明星使用过的医疗用品等事件，折射出部分粉丝的非理性行为。而电影“锁场”、网络“控评”、互泼“脏水”等不良现象，不仅透支着明星的流量，更制约着行业的健康发展，侵害着流行文化的正向价值。因此，只有用文明指引追星行为，用理性涵养粉丝心态，才能激荡起粉丝群体的正能量。

要让粉丝群体在正确的轨道上活动，既需要刚性制度，也需要温和疏导。例如2019年上映的国庆档电影《我和我的祖国》就以好故事的巨大引力，吸引粉丝通过现场观影、线上接龙等方式为祖国点赞；一些明星投身留守儿童资助、图书馆援建等公益项目，吸引大批粉丝参与其中。未来，让我们一起期待更多优秀作品、更多优质明星搭建起主流文化和粉丝群体的沟通桥梁，为文化市场注入更多的创造力和正能量。

好了，以上就是本期《今日观点》的全部内容，我们下期再见！

（改编自《人民日报》评论《粉丝群体如何贡献正向价值》）

二、训练题库

1. 请以“全面实行阶梯水价”为话题主持一档节目。
2. 请以“空巢老人”为话题主持一档节目。

3. 请以“发现中国之美”为话题主持一档节目。

4. 请以“上海实行垃圾分类”为话题主持一档节目。

5. 请以“绿水青山就是金山银山”为话题主持一档节目。

6. 请以“网络反腐”为话题主持一档节目。

7. 请以“外国人学汉语热”为话题主持一档节目。

8. 请以“学生体质逐渐下降”为话题主持一档节目。

9. 请以“潜力”为话题主持一档节目。

10. 请以“购买学区房”为话题主持一档节目。

11. 请以“明星热衷参加真人秀”为话题主持一档节目。

12. 请以“一盔一带”为话题主持一档节目。

13. 请以“青春”为话题主持一档节目。

14. 请以“娱乐至死”为话题主持一档节目。

15. 请以“网络自制剧成风”为话题主持一档节目。

16. 请以“国之重器”为话题主持一档节目。

17. 请以“后浪”为话题主持一档节目。

18. 请以“中国人过洋节”为话题主持一档节目。

19. 请以“奉献”为话题主持一档节目。

20. 请以“你幸福了吗”为话题主持一档节目。

21. 请以“不忘初心”为话题主持一档节目。

22. 请以“网络直播”为话题主持一档节目。

23. 请以“人肉搜索”为话题主持一档节目。

24. 请以“德不孤,必有邻”为话题主持一档节目。

25. 请以“百学须先立志”为话题主持一档节目。

26. 请以“蚍蜉撼大树,可笑不自量”为话题主持一档节目。

27. 请以“破窗效应”为话题主持一档节目。

28. 请以“鲶鱼效应”为话题主持一档节目。

29. 请以“木桶效应”为话题主持一档节目。

30. 请以“蝴蝶效应”为话题主持一档节目。

第六章　社教服务类模拟主持题库

本章范例 6-1 至 6-8 为社教科普类模拟主持，范例 6-9 至 6-13 为生活服务类模拟主持。

第一节　社教科普类题库

一、实战引导

范例 6-1

请根据以下信息主持一档社教科普类节目。

雷电是大气中一种激烈的放电现象。放电时，云层之间、云层和大地之间的电压可达几百万伏至几亿伏，放电的电流可达几万安至十几万安，产生很强的光和声。云层和大地之间的放电如果通过人体，能够立即致人死亡；如果通过树木、建筑物，巨大的能量和空气的震动也会使它们受到严重的破坏。因此，雷雨天时，一定要注意防雷。

黑洞是现代广义相对论认为的宇宙空间内存在的一种密度无限大、体积无限小的天体。黑洞的引力很大，使得视界内的逃逸速度大于光速。

1916 年，德国天文学家卡尔·史瓦西(Karl Schwarzschild，1873—1916 年)通过计算得到了爱因斯坦引力场方程的一个真空解。这个解表明，如果将大量物质集中于空间中的一点,其周围会产生奇异的现象,即在质点周围存在一个界面——“视界”。物质一旦进入这个界面,即使光也无法逃脱。这种“不可思议的天体”被美国物理学家约翰·阿奇巴德·惠勒(John Archibald Wheeler)命名为“黑洞”。科学家的研究理论显示,黑洞死亡时可能会变成一个“白洞”,它不像黑洞那样吞噬邻近所有物质,而是喷射黑洞之前捕获的所有物质。

科学家猜测,穿过黑洞可能会到达另一个空间,甚至是时空。

模拟主持:大家好,欢迎您收看今天的《科学世界》。我是主持人××。最近几天,长沙一直都是电闪雷鸣的暴雨天气,今天我们就先来跟大家说说关于雷电的事情。

雷电是大气中一种激烈的放电现象。放电时,云层之间、云层和大地之间的电压可以达到几百万伏至几亿伏,放电的电流可以达到几万安至十几万安,产生很强的光和声。云层和大地之间的放电如果通过人体,能够立即致人死亡。因此,我在这里提醒大家,雷雨天气一定要注意防雷,尽量减少出行。

说完这雷电,我们再来聊一个更深奥的话题——黑洞。黑洞是德国天文学家卡尔·史瓦西通过计算得到的爱因斯坦引力场方程的一个真空解。这个解表明,如果将大量物质集中于空间中的一点,其周围就会产生奇异的现象,也就是在质点周围存在一个界面,叫作“视界”。物质一旦进入这个界面,即使光也无法逃脱。美国物理学家惠勒称这种“不可思议的天体”为“黑洞”。

说到这儿,可能您还有疑问:那这个黑洞有寿命或者说会死亡吗?

科学家经过研究发现,黑洞死亡时可能会变成一个“白洞”,它不像黑洞那样吞噬物质,而是喷射黑洞之前捕获的所有物质。科学家们还猜测,穿过黑洞可能会到达另一个空间,甚至是时空。

朋友们,宇宙中还有许多未解之谜等待着人们去探索和发现,也正因为此,宇宙充满了神秘的魅力。

好了,今天的节目到这里就结束了,如果您对我们今天讨论的话题有什么想法,可以关注我们的微信公众号与我们交流。《科学世界》,我们下期再会。

范例 6-2

请根据以下信息主持一档社教科普类节目。

晴朗的天气，空气中会有许多微小的尘埃、水滴、冰晶等物质。当太阳光通过空气时，太阳光中波长较长的红光、橙光、黄光都能穿透大气层，直射到地面；而波长较短的蓝光、紫光则很容易被悬浮在空气中的微粒阻挡，从而使光线向四方散射，使天空呈现出蔚蓝色。

模拟主持：自然处处是科学，生活处处见智慧。小朋友们好，欢迎收看今天的《智慧南瓜》，我是主持人南瓜姐姐。最近几年，我们国家的雾霾治理效果逐渐显现。这不，周末又出现了蓝蓝的天空、白白的云朵，大家都趁着好天气出来游玩散心。但是，咱们节目组昨天收到了一个小朋友的问题："南瓜姐姐，空气不是没有颜色吗？那为什么晴朗的天空却是蓝色的呢？是不是天空中有蓝色的气体呢？"

小朋友的前半句话是正确的，空气确实没有颜色，不过天空中也没有蓝色气体。其实，在晴朗的天气里，空气中会有许多微小的尘埃、水滴、冰晶等物质，当太阳光通过空气时，太阳光中波长较长的红光、橙光、黄光都能穿透大气层，直接射到地面；而波长较短的蓝光、紫光则很容易被悬浮在空气中的微粒阻挡，从而使光线向四方散射，使天空呈现出蔚蓝色。这就是小朋友说的空气没有颜色但晴朗的天空却是蓝色的原因。

小朋友，你听懂了吗？南瓜姐姐非常喜欢你这样的求知欲，欢迎你继续提问哦！好了，今天的节目就到这里了，大家有什么关于生活中的疑惑都可以咨询《智慧南瓜》，南瓜姐姐会给你最智慧、最科学的回答哦！小朋友们，我们下期再见！

范例 6-3

请根据以下信息主持一档社教科普类节目。

很多市民喜欢把橘子皮晒干作为陈皮泡水喝，甚至用来当中药材。但是，橘子皮晒干就是陈皮了吗？自制"陈皮"靠谱吗？

其实，自己晒的橘子皮并不能当药用，虽然从功效上来说，它也有一定的理气健胃功效,但是药效与真正的陈皮相去甚远。

做陈皮需要在太阳下将橘皮风干,然后存放于密封装置中60－150天,用湿度为80％的潮湿空气加湿,使果皮软化,待果皮软化后,将其捆绑固定、风干,再放到太阳下晒干,最后将其密封存放。

与其他中药材不同的是,陈皮具有越陈越好的特殊性。品质好的陈皮对取皮的时间有严格的要求,也就是说,存放的时间越久,药效越好,一般放至隔年后才可以使用。陈皮隔年后挥发油含量大为减少,而黄酮类化合物含量会相对增加,这时陈皮的药用价值才能体现出来。而鲜橘皮含挥发油较多,不具备陈皮那样的药效,一些药店出售的名贵陈皮甚至存放了上百年。

鲜橘皮并不等于陈皮,不仅如此,新鲜的柑橘皮也不是全都可以做成陈皮,只有成熟的柑橘皮才能做成陈皮。

模拟主持:房子、票子、车子,都不如有个好身子!观众朋友们好,欢迎收看今天的《吃出健康》,我是主持人××。最近听说,很多市民喜欢把橘子皮晒干作为陈皮泡水喝,甚至用来当中药材。但是,橘子皮晒干就是陈皮了吗?自制“陈皮”靠谱吗?今天我就来好好给您说一说陈皮。

其实呀,咱们自己家晒的橘子皮并不能当药用,虽然从功效上来说,它也有一定的理气健胃功效,但是药效与真正的陈皮相差很远。

真正的陈皮可不是简简单单晒一晒就能做好的,它的工序是很复杂的。做陈皮需要在太阳下将橘皮风干后存放于密封装置中60—150天,用湿度为80%的潮湿空气加湿,使果皮软化,等到果皮软化了以后,把它进行捆绑固定、风干,然后放到太阳下晒干,最后将它密封存放。

听到这,您是不是发现做陈皮其实大有学问呢?并且呀,陈皮和它的名字一样,越陈越好。品质好的陈皮对取皮的时间有严格的要求,也就是说,存放的时间越久,药效越好,一般放至隔年后才可以使用。陈皮隔年后挥发油含量大大减少,而黄酮类化合物含量会相对增加,这个时候陈皮的药用价值才能体现出来。而鲜橘皮含挥发油较多,不具备陈皮那样的药效,一些药店出售的名贵陈皮甚至存放了上百年。

我还要提醒大家的是,鲜橘皮并不等于陈皮,不仅如此,新鲜的柑橘皮也不是全都可以做成陈皮，只有成熟的柑橘皮才能做成陈皮。

好了，关于陈皮的小知识咱们今天就介绍到这儿，欢迎您明天同一时间收看《吃出健康》，咱们下期再见！

范例 6-4

请根据以下信息主持一档社教科普类节目。

现在，越来越多的朋友开始使用漱口水清洁口腔，用漱口水漱口能去除口腔内食物残渣和部分软垢，减少口腔内细菌的数量，对于保持口腔清洁、预防口腔疾病大有益处。漱口水的效果与漱口的时间、含漱的力量和次数有关。

漱口的时间最好在刚刚进食后，因为这时能有效地把食物残渣从牙齿表面或牙缝里冲洗出来，减少口腔内的细菌，减弱细菌的生长繁殖。

漱口时应先用清水漱口，方法为：将清水含在口内，鼓动两腮与唇部，使清水在口腔内充分与牙齿、牙龈接触，并利用水力反复地冲洗口腔各个部位，尽可能清除掉留存在牙间隙、牙龈、唇颊沟等处的食物残渣和软垢。然后，含约 10 毫升的漱口水，用上述方法漱 1 分钟，漱完后不要再用清水漱口，从而达到清洁口腔的目的。

模拟主持：关注大事小情，探讨生活妙招。大家好，欢迎收看今天的《你好生活》，我是您的生活顾问××。出门在外，每个人都想把自己最好的一面展现出来。记得我有一次和朋友出门逛街，吃过午饭后，我的衣服、发型、妆容都还不错，但就是不敢张嘴，因为午饭吃的咖喱鸡，我一张嘴别人都知道我中午吃的什么了，想想也是挺尴尬的。

观众朋友们可能也遇到过这种事，那您是怎样解决的呢？相信大多数人都会说刷牙、吃口香糖。但如果刚好没有牙刷、牙膏，又没有口香糖这些东西，怎么办呢？咱们不妨试试漱口。说到漱口，有人认为漱口就是喝口水，动动嘴就完事儿了，多简单。事实上，漱口很讲究方法和时间，正确的时间应该是刚刚进食后。漱口分两步进行：第一步将清水含在口中，鼓动两腮和唇部，让清水充分与牙齿、牙龈这些地方接触，反复冲洗；第二步，含约 10 毫升的漱口水，用上述方法漱一分钟，特别提醒大家，漱完后不要再用清水漱口了。这里还要注意，因为漱口水多少会有些刺激性,所以购买漱口水时要选择适合自己的,并且不要忽略第一步的漱口。漱口可以有效清除留在小窝小沟、牙间隙这些小地方的残渣和软垢,减少口腔内细菌的数量,减弱细菌的生长繁殖,对于保持口腔清洁、预防口腔疾病有大益处。

但是凡事无绝对,观众朋友们尤其是小朋友千万不能认为只漱口就能解决所有的口腔问题,日常生活中还是要坚持刷牙,并且定期检查牙齿。一个良好的口腔状态一定会让你更有自信,也祝愿每个人都能笑口常开。

今天介绍的方法大家都记住了吗?要是您有什么难题,可以关注《你好生活》官方微博留言,《你好生活》愿为您答疑解难。我们下期再见!

范例 6-5

请根据以下信息主持一档社教科普类节目。

四种人不宜吃豆腐:

1. 豆腐含嘌呤较多,嘌呤代谢失常的痛风病人和尿酸浓度高的患者应慎食豆腐。

2. 豆腐性偏寒,平素有胃寒者,如食用豆腐后有胸闷、反胃等现象,不宜食用豆腐。

3. 易腹泻、腹胀脾虚者,不宜多食豆腐。

4. 在服用四环素类药物时,不宜吃豆腐,因为用豆腐制作的食品中含有较多的钙,用盐卤做的石膏中含有较多的镁,四环素遇到钙、镁会发生化学反应,降低杀菌效果。

模拟主持:欢迎大家准时守候在电视机旁收看今天的《吃出健康》,我是主持人××。要说这中国的饮食文化真是博大精深,无论是天上飞的、地上跑的、水里游的,只要是上了饭桌,个个都是美味佳肴。您就拿我们今天的主角豆腐来说,咱想想这豆腐有多少种吃法:按种类说东北有冻豆腐,四川有麻婆豆腐,湖南有臭豆腐;按做法说,有炒豆腐、炖豆腐、煎豆腐,等等。这些还不算,最简单的小葱拌豆腐咱都吃过吧?

豆腐好吃、营养、健康,但有些人却不适合吃豆腐。今天我就给大家说说哪些人不适合吃豆腐。首先是痛风病人和尿酸浓度高的患者不宜吃豆腐，豆腐中含嘌呤较多，我们之前提到的这几类患者对嘌呤这类物质的代谢失常，因此不适合食用豆腐。其次是胃病患者，豆腐属于偏寒性的食品，要是电视机前的您有胃寒的症状，吃了豆腐感觉有胸闷、反胃等现象，就不能再吃豆腐了。再次，豆腐这样的豆制品富含蛋白质，要是您易腹泻、腹胀脾虚也是不能多吃的，不过少量应该是没有问题的，要根据自身的情况来定。最后，有些人生病时会服用四环素一类的药物，因为用豆腐制作的食品中含有较多的钙，用盐卤做的石膏中含有较多的镁，四环素遇到钙、镁会发生化学反应，降低杀菌效果，所以服用这类药物的人要慎食豆腐。您记住了吗？

吃是人生一大快事，但要讲求方式，吃得对，才能吃出健康。好了，今天的节目就到这里了，我们下期再见。

范例 6-6

请根据以下信息主持一档社教科普类节目。

睡前喝水好吗？睡前喝适量的水对身体是有好处的，因为睡前适量饮水能够为身体提供夜间所需要的水分，并且可以降低血液的黏稠度，有效预防心脑血管疾病的发生。但睡前大量饮水会造成频繁起夜，影响睡眠，所以饮水要适量。

睡前多久喝水最好？可以在睡前半个小时喝一杯水，睡前再去一次厕所，这样不仅可以补充身体需要的水分，还能够保证晚上不起夜，不会影响睡眠。

模拟主持：健康体魄，智慧生活。观众朋友们大家好，欢迎收看《智慧生活》，我是您的好朋友××。

每个人每天都要喝水，水是我们生命的源泉。前段时间，我们在微信平台上搜集了大家对喝水的疑问，其中最有争议的就是“睡前到底应不应该喝水”，这也是我们今天要为大家解答的问题。

睡前喝水好吗？睡前适量地喝水其实是很有好处的。因为我们在睡觉的时候，身体的各种器官依然在工作，而睡前适量饮水可以为身体提供夜间所需的水分。同时，睡前适量饮水能降低血液黏稠度，有效预防心脑血管疾病的发生。对爱美的人士来说,睡前喝水可以补充细胞缺失的水分,保持皮肤娇嫩细滑,有助于美容哦!

那么问题来了,像我一样喜欢睡前喝水的人,会不会遇到这样的小问题呢?因为喝了水在睡觉的时候就会很不安稳,总觉得要上厕所,甚至真的会频繁起夜,影响睡眠。那么,睡前该怎么喝水呢?一般来说,我们可以在睡前半个小时或一个小时的时候喝一杯水,然后在睡前去一次厕所,这样不仅能够补充身体需要的水分,还能够保证晚上不起夜,不会影响睡眠。

关于喝水那些事,咱们今天就先说到这里。如果观众朋友们有什么生活上的小问题,可以拨打屏幕下方的电话或是在官方微信平台给我们留言,我们下期再见!

范例 6-7

请根据以下信息主持一档社教科普类节目。

随着生活水平的提高和饮食种类的日益丰富,人们经常会到餐馆就餐,烧烤就是大家外出就餐非常喜欢的一种食物。于是一个问题摆在了人们面前:经常吃烧烤会使人体内产生一定的垃圾毒素,这些毒素会引发硝化反应,硝化反应则会增加人体的癌变概率。那么,怎样才能降低这种癌变概率呢?这时候,大家不妨试试猕猴桃。猕猴桃富含的维生素 C 是一种非常有效的抗氧化剂,这种抗氧化剂能够有效地抑制硝化反应,减少癌症发生。

现代医学研究发现,猕猴桃中含有一种名为血清促进素的物质,能够有效地帮助抑郁症患者稳定情绪、镇静心情。此外,猕猴桃中的天然肌醇也有助于我们的脑部活动,使这种稳定情绪的功效得到有效的保障。同时,猕猴桃中还有非常丰富的膳食纤维,这些膳食纤维不仅具有降低胆固醇、促进心脏健康的功效,还可以助消化、排毒素、防止便秘,有效清除人体内堆积的有害代谢物。

模拟主持:健康体魄,智慧生活。观众朋友们大家好,欢迎来到《智慧生活》,我是你们的好朋友××。

相信很多人都喜欢吃烧烤,的确,随着生活水平和饮食条件的提高,年轻人又喜欢一起聚会,烧烤就成了一个不错的选择。但您知道吗?烧烤对人体的危害也不小。经常吃烧烤会让人体内产生垃圾毒素，这些毒素会引发硝化反应，而硝化反应又会导致人体癌变概率的增加。这样说来，有没有什么办法能降低这种癌变的概率呢？今天我就给大家介绍一种有多种功效的水果——猕猴桃。猕猴桃富含维生素C，这是一种非常好的抗氧化剂。这种抗氧化剂可以抑制吃烧烤产生的硝化反应，减少癌症发生。同时，猕猴桃中还含有血清促进素和天然肌醇，其中血清促进素可以帮助抑郁症患者稳定情绪、镇静心情，而天然肌醇则有助于脑部活动，使这种稳定情绪的功效得到有效的保障。除此之外，猕猴桃还蕴含着丰富的膳食纤维。这些膳食纤维不仅可以降低胆固醇、促进心脏健康，还可以帮助消化、排出毒素、防止便秘，有效清除人体内堆积的有害代谢物。

说了猕猴桃的这么多好处，大家是不是觉得可以随心所欲地吃烧烤了呢？在这里，我还是要提醒大家，烧烤要尽量少吃，毕竟只有健康的生活习惯才能给我们一个健康的身体。

好了，这一期节目到这里就结束了，观众朋友们，我们下期见。

范例 6-8

请根据以下信息主持一档社教科普类节目。

土豆长芽不能吃。因为长芽的土豆在芽的附近会产生很多毒素——龙葵碱。这种毒素如果积累到一定的量，就会引起人体中毒。轻者可能出现恶心、呕吐等不适症状，严重者可能因为呼吸肌麻痹而导致呼吸衰竭，危及生命。虽然长芽的土豆可以把芽附近都削掉，但是土豆长芽的时候会消耗大量的能量，土豆的营养价值也会大大下降。所以无论从健康还是营养的角度来讲，土豆长芽后都是不能吃的。

模拟主持：观众朋友们大家好，欢迎来到《科学生活》，我是主持人×××。冬天渐渐走远，春天悄悄来到，空气中弥漫着湿气，相对湿度较大，所以在春天，我们的蔬菜水果如果储存不当容易发芽。在生活中，我们很有可能出于节俭，就简单地把发芽的部分削掉，而剩下的部分照常食用。但是在这里，我要提醒大家，蔬菜水果发芽之后，您最好查询一下它是否可以食用，因为误食某些发芽的蔬菜水果很有可能危害我们的身体健康。

比如土豆,长芽的土豆在芽的附近会产生很多毒素,也就是龙葵碱。这种毒素如果积累到一定的量,就会引起人体中毒。轻者可能出现恶心、呕吐等不适症状,严重者可能因为呼吸肌麻痹而导致呼吸衰竭,危及生命。再比如花生,花生芽本身无毒,在安全卫生的条件下发出来的芽可以正常食用。但是很多人不知道,花生在发芽的过程中,外壳受到破坏,容易感染黄曲霉,这种霉菌产生的毒素有强致癌作用,非常危险。所以接下来,我给大家介绍几种储存蔬菜瓜果的好办法,让它们尽量保持新鲜的口感。

第一,冰箱中的湿气大,生菜等绿叶菜放入冰箱久了容易变黄发蔫,因此绿叶菜最好不要直接放进冰箱,应先把菜表面的水滴风干,再用干净纸巾将菜包裹好,装进袋子放入冰箱保存。或者在冰箱保鲜盒里铺层纸巾,以吸收潮气,延长绿叶菜的保鲜时间。第二,不是所有蔬菜都适合冷藏,一般来说,含糖分较多、表皮比较硬的蔬菜,如红薯、莲藕、萝卜、土豆等,比较适合放在阴凉处保存,放进冰箱反而容易坏或者发芽。

怎么样,今天的生活小知识您学会了吗?好了,今天的节目到这里就结束了,我们下期再见。

二、训练题库

1. 请根据以下信息主持一档社教科普类节目。

西红柿一直以能够降低胆固醇和预防癌症而著称,现在它又多了两个新的保健功效——增强皮肤防晒能力和保持肌肤年轻。

曼彻斯特大学和纽卡斯尔大学的研究人员建议,每天吃一顿以西红柿为主的饭菜有益于身体健康。为了检验西红柿的护肤功效,研究人员让十位志愿者连续三个月每天食用五汤匙拌有橄榄油的西红柿酱,另外十名志愿者只吃橄榄油,不吃西红柿酱。使用紫外线灯的检测结果显示,吃西红柿酱的那组研究对象的皮肤防晒能力在研究结束时比开始时增强了三分之一。

2. 请根据以下信息主持一档社教科普类节目。

一阵寒风吹来，人会觉得冷。但人究竟为什么会感觉到冷呢？科学家找出了支配寒冷感觉的一部分化学机制，这可能帮助科学家研制出新型止痛药。

人体感知热的原理早已不是秘密，因为较高的温度会激活细胞膜上的一些离子通道，即一些由分子形成的微小孔洞。它们控制特定化学物质流入或流出神经，产生神经信号。而冷又是如何被感受到的呢？

据新一期英国《新科学家》杂志报道，美国两个研究小组最近分别报告说，它们发现了实验鼠的神经对寒冷的一种反应机制。这两个小组都发现，某个离子通道能使实验鼠神经对 8 到 28 摄氏度之间的寒冷感觉产生反应。薄荷醇也能激活这个离子通道，这就可以解释为什么薄荷能使人感觉清凉。研究人员还说，有的神经在冷和热的刺激下都有反应，这也许能够解释为什么人有时候会对冰冷产生灼热的错觉。

3. 请根据以下信息主持一档社教科普类节目。

我国传统的清明节大约始于周代，已有 2500 多年的历史。清明最开始是一个很重要的节气，清明一到，气温升高，正是春耕春种的大好时节，故有“清明前后，种瓜种豆”“植树造林，莫过清明”的农谚。后来，由于清明与寒食的日子接近，而寒食是民间禁火扫墓的日子，渐渐地，寒食与清明就合二为一了。寒食既成为清明的别称，也成为清明节的一个习俗，即清明之日不动烟火，只吃凉的食品。

4. 请根据以下信息主持一档社教科普类节目。

据国外媒体报道，澳大利亚国立大学和英国南极调查局的科学家进行的一项研究发现，南极冰层在夏季的消融速度是 600 年前的 10 倍，这是过去 1000 年来最快的消融速度。研究领导人奈里勒-阿布拉姆表示：“冰层的快速消融说明南极洲的气候和环境正在发生变化。”

研究发现，詹姆斯·罗斯岛在过去 600 年里温度逐渐升高，升幅达到 1.6 摄氏度，一旦气候变化导致温度达到一个临界点，南极洲的冰层消融速度将急剧加快。

这是科学家第一次证明 20 世纪的南极半岛冰层消融对温度升高异常敏感。南极洲其他地区,例如西南极洲冰原的情况则更为复杂。最近的冰层消融和冰川消失到底是一种异常情况还是由人类活动导致的,目前还没有确切的解释。

5. 请根据以下信息主持一档社教科普类节目。

近年来,物种灭绝又迎来了一波“高潮”。然而,科学家们表示,物种灭绝并不一定是当前环境恶化的结果,真正的凶手或许要追溯到我们的祖辈,是他们对环境的掠夺导致了当前的物种灭绝。“灭绝债务”是指从人类破坏物种生存地到生物灭绝,有一个几十年到上百年的时间延迟,“父债子还”在自然界同样适用。

奥地利维也纳大学的斯蒂芬·杜凌格(Stefan Dullinger)列出了 22 个欧盟国家名单,计算出这些国家在 2000 年、1950 年和 1900 年的生存压力指数。杜凌格发现,近期灭绝生物数量最多的国家往往是在 1900 年对当地生态系统造成压力最大的国家,而 21 世纪初的生态破坏对物种的影响还未显现。

生命周期较短的物种,例如蜻蜓和蚱蜢,至今仍承受着 20 世纪初环境造成的生存压力;哺乳动物的时间滞差则短得多——它们当中很多是受到 20 世纪 50 年代生态破坏的影响。这可能是因为昆虫只在自然栖息地的小部分地区存活,而较大的物种则需要更大的生存空间。

这种灭绝债务可能意味着目前很多濒危物种注定要灭绝。“挽回它们还有一丝希望,”英国伦敦帝国理工学院的奥利弗·沃恩(Oliver Wearn)表示,“生态保护应着力于具有最大灭绝债务的地区。”

6. 请根据以下信息主持一档社教科普类节目。

睡觉磨牙究竟是怎么回事?

(1)情绪紧张。紧张的情绪是磨牙症最常见的发病因素。惧怕、愤怒、敌对、抵触以及其他各种紧张情绪,若没有及时发泄出来,就会在潜意识中周期性地通过各种方式表现出来,磨牙就是表现方式之一。

(2)局部因素。医生推测患者如有咬合早接触的情况,就会试图将此牙面高点磨平。如果这种现象经常发生，久而久之，就会患上磨牙症。

（3）全身因素。与寄生虫有关的胃肠功能紊乱、儿童营养缺乏症、变态反应或内分泌紊乱都可成为磨牙症的发病因素。

（4）职业影响。有的职业容易导致磨牙症的发生，如钟表工、汽车驾驶员和运动员等要求精力高度集中的职业，但原因尚不明了。

7. 请根据以下信息主持一档社教科普类节目。

在科学不发达的过去，人们常常用神灵的力量来解释地震发生的原因。在我国，民间传说地底下住着一条大鳌鱼，时间长了，大鳌鱼就想翻一下身，只要大鳌鱼一翻身，大地便会震动起来。

其实，地震就是地球表面的震动。引起地球表面震动的原因很多，可以是人为的原因，比如核爆炸、开炮、机械震动等；也可以是自然界的原因，比如地壳运动、火山喷发等。

按照地震的不同成因，我们可以把地震划分为五类：

（1）构造地震：地壳在构造运动中发生变形，当变形超出岩层的承受能力时，岩层就会突然、快速地破裂或错动。岩层破裂或错动时会激发出一种向四周传播的地震波，当地震波传到地表时，就会引起地面的震动。世界上85%—90%的地震以及所有造成重大灾害的地震都属于构造地震。

（2）火山地震：由于火山喷发引起的地震。

（3）水库地震：由于水库蓄水、放水引起库区发生地震。

（4）陷落地震：由于地层陷落引起的地震。

（5）人工地震：由于核爆炸、开炮等人为活动引起的地震。

8. 请根据以下信息主持一档社教科普类节目。

动物是否有记忆？这是长期以来颇有争议的一个问题。过去人们一直将记忆视为人类特有的功能，然而，一系列的实验证明某些动物也有惊人的记忆力，无论是较高等的动物海豚、黑猩猩，还是较低等的动物老鼠、螃蟹、海龟等。

实验表明，仅用简单的本能、条件反射来解释动物的记忆问题还远远不够，许多动物的记忆是建立在一定的基础之上的，关键是我们能否找到这个基础。

已知的是,海龟的记忆基础是气味,螃蟹的记忆基础是行星与地磁的位置等,而更多的是我们尚未知晓的那些记忆基础。

目前,动物的记忆之谜已成为各国科学家感兴趣的研究课题,研究对象也已扩大到蜘蛛、章鱼、马、蛇、蜜蜂、乌鸦等。

9. 请根据以下信息主持一档社教科普类节目。

节食真的可以减肥吗?

夏天到了,又到了减肥的时候了。大家减肥的方式无非就是节食和运动,许多人为了快速减肥,连晚饭都不吃了。这事真的靠谱吗?大量的实验表明,晚上不吃饭,体重的确会在短期内有所下降,但长期不吃晚饭,会给我们的肠胃带来损伤。另外,不吃晚饭还容易让身体缺乏营养,甚至引发营养不良。本来白天的工作和学习就比较忙,晚上应该吃点东西补充能量,这样身体才会好。若不吃晚饭,身体不能及时地补充能量,身体中的营养成分就会越变越少。次日的精神状态也会变差,影响工作和学习。长期不注意的话,还有可能引发疾病。

10. 请根据以下信息主持一档社教科普类节目。

人们经常把乌龟看作"长寿"的象征,我国许多延年益寿的补品大多以乌龟命名,如龟苓膏、鹿龟酒等。许多祝寿之辞也离不开"龟",如"龟鹤延年""龟鹤遐年"等。但其实乌龟并不是世界上最长寿的动物,乌龟在长寿界只能排名第四。

排名第一的是灯塔水母。灯塔水母是一种身长只有4—5毫米的小型水母,它最大的特点就是可以进行分化转移,可以在性成熟后再次回到幼体阶段,而且这种分化是没有次数限制的。从某种意义上说,只要不是意外死亡或者被捕食者吃掉,灯塔水母就可以永生。排名第二的是南极洲海绵。南极洲海绵主要生活在南极洲海底,由于海底的温度非常低,导致南极洲海绵的生长速度非常缓慢,很多个体都活到了1500岁。排名第三的是海洋圆蛤。海洋圆蛤的年龄计算方式和树木的年轮有点类似,海洋圆蛤贝壳上的同心圆个数就是它的年龄。海洋圆蛤的平均年龄为400岁左右,而最古老的海洋圆蛤寿命已经超过了500岁。

11. 请根据以下信息主持一档社教科普类节目。

1978 年，美国圣约翰大学的里塔·邓和肯尼斯·邓两位教授做了一个一天当中记忆力的比较实验。他们根据实验结果将人类的最佳记忆时段分成四个大类：大约 30%的人在早晨记忆力最佳，这些人在一清醒时就已经做好了吸收新知识的准备；大约 30%的人在下午记忆力最佳，他们往往在吃完午饭后才真正清醒过来；大约 30%的人在晚上记忆力最佳；大约 10%的人没有任何时间偏向性，他们似乎在任何时候都能够集中精力学习。

这个实验告诉我们，大多数人的最佳记忆时段都不是早晨。心理学家根据学习主体对时间段不同的偏好，把学习者分为“百灵鸟”型和“猫头鹰”型。“百灵鸟”型在清晨记忆力最强，此时学习反应迅速、思路敏捷、效率较高。这类人一般作息规律，早睡早起，不喜欢熬夜。而“猫头鹰”型则恰恰相反，他们在晚上最为兴奋，大脑清醒。这类人一般喜欢白天睡觉，在晚上夜深人静时，完成学习任务。

12. 请根据以下信息主持一档社教科普类节目。

垃圾分类可以减少垃圾处理量和处理设备，降低处理成本，减少土地资源的消耗，具有社会、经济、生态等几方面的效益。垃圾分类有以下几种：

湿垃圾：湿垃圾又称厨余垃圾、易腐垃圾、易粉碎垃圾，主要包括剩菜剩饭、骨头、菜根菜叶、果皮等生活食品类废物。这种垃圾可以通过生物技术处理成有机肥，每吨可生产 0.6—0.7 吨有机肥料。

有害垃圾：主要包括电池、荧光灯管、灯泡、水银温度计、油漆桶、过期药品、过期化妆品等。这些垃圾一般会被单独回收或进行填埋处理。

可回收垃圾：旧冰箱、旧洗衣机、旧空调、旧书、旧报纸、饮料瓶等。这些垃圾平常就有人回收。

其他垃圾：除了前面那三种垃圾以外的垃圾，比如餐巾纸、湿纸巾、纸尿裤、一次性餐具等。

13. 请根据以下信息主持一档社教科普类节目。

佩戴口罩就像给自己的呼吸系统设置一道“过滤屏障”。佩戴在口鼻部位，可以过滤进入口鼻的空气,阻挡有害气体、飞沫进入口鼻。一方面保护自己不被感染,另一方面当自己有呼吸道疾病时,也能很好地保护别人。但并不是所有人都能够长期佩戴口罩,孕妇、老年人以及慢性肺心病患者,如果不能耐受戴口罩时的不适,应尽量减少外出。

佩戴口罩的正确方法:

(1)戴口罩前先洗手,特别注意指尖的揉搓;

(2)分清口罩正反面和朝向;

(3)将口罩两端挂在耳朵,或系牢在头部;

(4)拉伸口罩,使得其覆盖口鼻;

(5)双手压紧鼻夹,使口罩上端紧贴鼻梁;

(6)检查口罩的贴合性。

摘除口罩注意事项:

(1)摘下的口罩不要直接放在包里、兜里等处,最好用一个密封的袋子装起来;

(2)不要触碰别人使用过的口罩,避免交叉感染;

(3)用于防御细菌的一次性口罩,当被污染或受潮时,严禁再次使用。

再次强调:在佩戴、摘除口罩的过程中,前臂、手、口罩外面不要碰到脸、眼睛、鼻子、嘴巴,以免这些部位的黏膜被感染。

14.请根据以下信息主持一档社教科普类节目。

“中国式教育”和“西方式教育”的比较。

中国式教育。优点:大众式教育,因为人口多,所以必须靠考试来甄选人才。这是一种比较低成本的公平竞争。大学招生多、高中入学率高,使得许多人都能有较高的劳动素质。缺点:人们过于重视文化分数的高低,导致德育、体育相对较差;学生没有太多时间接触社会,认识容易狭隘,照本宣科的教授方法容易扼杀学生的想象力和创造力。

西方式教育。优点:学生具有极强的独立思考能力,勇于创新。缺点:过分讲究发现和探究,忽视基础知识和基本技能的培养;过分关注个人成长,忽视集体主义和团结意识的培养。

第二节　生活服务类题库

一、实战引导

范例 6-9

请根据以下信息主持一档生活服务类节目。

怎样防止衣物褪色：

1. 牛仔裤洗时易褪色，洗前先将其放在冷的浓盐水中浸泡约 2 小时，再用肥皂洗涤。

2. 洗易褪色的棉质衣物，可先将衣物放入盐水中浸泡约 30 分钟，然后用清水洗净，再按一般方法洗涤。这样就可以防止衣物褪色，尤其是黑色或红色的衣物，效果更为显著。

3. 毛衣洗涤时易褪色，可以先用凉茶水将毛衣浸泡 10 分钟，再按一般方法洗涤，这样毛衣不但能洗干净，而且不会褪色，延长使用年限。

4. 有色衣物因洗涤不当会褪色，从而影响美观。在潮湿状态下，染料在阳光的作用下容易褪色；染料和纤维纹路结合得不够牢固，洗涤时也容易褪色。所以，为了使衣物不褪色，洗涤时不要在过热的水、肥皂水、碱水中长时间浸泡，不要用洗衣板或毛刷搓刷，可以先在水中放些盐，再用清水漂洗干净，这是防止衣物褪色的好方法。

模拟主持：电视机前的观众朋友们，《生活妙妙妙》如约与您见面啦！我是主持人××。前天，我洗了一件黑色的衣服，可是洗过之后，我的黑衣服几乎变成灰色的了，真是太让我心疼了！大家日常生活中是不是也时常会遇到衣物褪色的烦恼呢？本期的《生活妙妙妙》就来与大家分享几个洗衣服时防褪色的小窍门。

防褪色第一点，牛仔类衣物。大家都知道洗牛仔裤时最容易褪色了，我们不妨在洗之前先将它放在冷的浓盐水中浸泡约 2 小时，再用肥皂洗涤，这样牛仔裤就不容易褪色了。

防褪色第二点,易褪色的棉质衣物。当我们洗易褪色的棉质衣物时,可以先把衣服放入盐水中浸泡约30分钟,然后用清水洗净,再按一般方法洗涤。这样就可以防止衣物褪色了。尤其是洗黑色或红色的棉质衣物,效果会更显著。

防褪色第三点,毛衣类衣物。如果我们要洗毛衣,可以先用凉茶水将毛衣浸泡10分钟,再按照一般方法洗涤,这样毛衣不但洗得干净,而且不会褪色,还可以延长使用年限呢!

防褪色第四点,有色衣物。在潮湿状态下,染料在阳光的作用下容易褪色;染料和纤维纹路结合得不够牢固,洗涤时也容易褪色。所以,为了使衣物不褪色,洗衣服时不要在过热的水、肥皂水、碱水中长时间浸泡,不要用洗衣板或者毛刷搓刷,可以先在水中放些盐,再用清水漂洗干净,这样就能防止衣物褪色啦!

好了,本期的《生活妙妙妙》就为您介绍这么多,您都记住了吗?如果您有什么好的生活小妙招也可以告诉我们哦!观众朋友们,我们下期再见!

范例 6-10

请根据以下信息主持一档生活服务类节目。

怎样辨别真假蜂蜜?要分辨出好蜜、差蜜或者真蜜、假蜜,必须综合运用自己的感官功能:"一看二搓三闻四尝"。

一看光泽、看颜色。真蜂蜜浓厚黏稠、光亮润泽;假蜂蜜则混浊不清。特别是用筷子搅动后,真蜂蜜透光性好,颜色均匀;假蜂蜜不但混浊,还有杂质。

二搓结晶,搓一搓。可以将蜂蜜放到冰箱里保存一段时间再拿出来。蜂蜜在4—14℃的环境中放上一阵就会变成固体。真蜂蜜的结晶松软、透明度差,一扎一个眼;假蜂蜜就扎不动了,有的假蜂蜜的结晶咬起来还会发出清脆的响声。将这结晶放在手里揉搓,真蜂蜜搓碎的结晶细腻,没有沙砾感;假蜂蜜不容易形成结晶,有的假蜂蜜还会有沉淀,沉淀比结晶要硬,很难搓碎。

三闻气味,香不香。真蜂蜜散发着淡淡的甜香,打开瓶子就能闻到,而且这香味能持续很久;假蜂蜜却不是这样的,要么香得不自然,要么根本就没有香味。

四尝味道，好不好。真蜂蜜甜且润，花的香甜味在口中久久回荡；假蜂蜜却吃不出花香味，用糖熬成的假蜂蜜只能尝出糖的味道。真蜂蜜如果有结晶，入口后结晶会很快溶化；假蜂蜜则相反，结晶不容易溶化。有的假蜂蜜吃到嘴里还有异味，刺激喉咙。

模拟主持：各位观众朋友大家好，欢迎收看今天的《厨房小助手》，我是主持人××。

到了夏天，大家最喜欢的可能就是在自家厨房里制作各种各样的夏日饮品，健康又美味。说到这个夏日饮品，必不可少的材料当然就是蜂蜜。我们都知道，蜂蜜的营养价值很高，很多人都特别喜欢，可是现在市场上的假蜂蜜鱼目混珠，让大家难辨真假。怎么办呢？今天，我就教给电视机前的您用“一看二搓三闻四尝”的方式来区分真假蜂蜜。

首先，我们可以看光泽、看颜色。真蜂蜜浓厚黏稠、光亮润泽，而假蜂蜜则是浑浊不清的。特别是用筷子搅动之后，真蜂蜜的透光性很好，颜色分布均匀；假蜂蜜不但浑浊，还有杂质。其次，搓结晶，搓一搓。我们可以将蜂蜜放到冰箱里保存一段时间再拿出来。蜂蜜在4—14℃的环境中放上一阵就会变成固体。真蜂蜜的结晶松软、透明度差，一扎一个眼；假蜂蜜就扎不动了，有的假蜂蜜的结晶咬起来还会发出清脆的响声。将这结晶放在手里揉搓，真蜂蜜搓碎的结晶细腻，没有沙砾感；假蜂蜜不容易形成结晶，有的假蜂蜜还会有沉淀，沉淀比结晶要硬，很难搓碎。再次，可以闻气味，闻闻香不香。真蜂蜜散发着淡淡的甜香，打开瓶子就能闻到，而且这香味能够持续很久；假蜂蜜却不是这样的，要么香得不自然，要么根本就没有香味。最后，我们可以尝尝味道，尝尝好不好。真蜂蜜甜且润，花的香甜味在口中久久回荡；假蜂蜜却吃不出花香味，用糖熬成的假蜂蜜只能尝出糖的味道。真蜂蜜如果有结晶，入口后结晶会很快溶化；假蜂蜜则相反，结晶不容易溶化。有的假蜂蜜吃到嘴里还有异味，刺激喉咙。

蜂蜜的挑选还是有很多学问的，希望电视机前的您能够把这些技能都学到。好了，今天的节目到这里就结束了，我们下期再会！

范例 6-11

请根据以下信息，主持一档生活服务类节目。

护肤小窍门一：啤酒收缩毛孔。

取面膜碗，倒入适量的啤酒，将压缩面膜浸入啤酒中，三分钟后取出，稍拧出一点多余的水分，敷于面部，待水分快干时，再浸入。反复如此，敷半个小时，最后用冷水洗净脸部，毛孔会明显缩小，肌肤也会变得非常紧致。

护肤小窍门二：酸奶蜂蜜保湿。

将酸奶和蜂蜜取同样的分量混合，均匀地涂抹在脸部，15 分钟后洗净，不仅肌肤会变得非常光滑水嫩，还能持久锁住肌肤角质层的水分。

护肤小窍门三：小苏打去黑头。

洗脸的时候，将小苏打与洗面奶混合在一起使用，泡沫会变得非常细腻。洗完之后，黑头会减少很多，毛孔也会明显缩小。

模拟主持：观众朋友大家好，欢迎收看今天的《生活小助手》，我是主持人××。最近，我们节目收到了很多观众的留言，想要咨询皮肤保养方面的知识，像如何收缩毛孔、如何保湿肌肤、如何去黑头，等等。其实这些问题在我们的生活中很常见，包括我自己也会遇到这样的问题。在今天的节目中，我就教大家几个小窍门，轻松摆脱这些皮肤烦恼。

第一个护肤小窍门就是：啤酒收缩毛孔。

首先取一个做面膜用的碗，在碗里倒入适量的啤酒，再将压缩面膜浸入啤酒中，让压缩面膜充分浸透。等待三分钟后，取出面膜，把多余的水分稍微拧掉一些，然后敷在我们的面部，等到水分快干时，再次将面膜浸入啤酒中。如此反复几次，敷大概半个小时，最后用冷水洗净脸部。这时你会发现毛孔明显缩小了，肌肤变得非常紧致有弹性。这个方法非常简单和方便，大家可以自己在家里尝试一下哦！

第二个护肤小窍门：酸奶蜂蜜保湿。

大家可能都知道酸奶有利于我们的肠胃健康，多喝蜂蜜可以美容养颜。但大家可能不知道，这两样东西混合在一起还有更加神奇的功效，下面就让我来介绍一下吧！我们把酸奶和蜂蜜取同样的分量混合，然后均匀地涂抹在脸上，让脸部充分吸收。15 分钟后用清水洗净，不仅肌肤会变得非常水滑光嫩，而且还能持久地锁住我们肌肤角质层的水分。这个方法你学会了吗？

第三个护扶小窍门：小苏打去黑头。

洗脸的时候，将小苏打和洗面奶混合在一起使用，泡沫会变得非常细腻。洗完之后，你会发现黑头减少很多，毛孔也缩小了不少。长期坚持下去，黑头就会慢慢消失，大家不妨尝试一下。

以上就是本期节目给大家介绍的护肤小妙招，非常简单易学，电视机前的你学会了吗？《生活小助手》，让生活更美好，我们下期再见。

范例 6-12

请根据以下信息主持一档生活服务类节目。

如何区分红酒的好坏？

一看：拿一瓶红酒，先不用打开，用下面几种方法来看红酒的好坏。

将红酒瓶倒过来，倾斜一定的角度，迎着阳光或灯光看瓶底是否有较多的沉淀和残渣，如果太多说明这款酒有问题，如果没有或有少量透明的沉淀物是正常的(红酒在长期发酵的过程中，会产生酒石沉淀)。接着打开红酒，倒入红酒杯中，看它是否清澈，如果比较浑浊，就不要喝了。均匀摇杯，看杯壁的酒下流的状态，酒黏稠、流速慢，酒的质量较好。但仅用这一点来判断红酒的好坏是不正确的，这只能说明红酒的黏稠度和酒精度的高低。

二闻：打开瓶塞后，先闻一下木塞，如果有发霉的味道，建议不要饮用。倒入红酒杯轻轻摇杯，闻酒，香气浓郁，是好酒。如果有特别刺激的酒精味，说明这款酒坏了，不要饮用。

三品：红酒开瓶后，醒一会儿，喝一口，用味蕾去品尝。红酒的口感层次一般是“酸一甜一苦一涩”，好的红酒口感酸涩味消散较快，醇香绵长；不好的红酒一般比较酸涩或平淡如水。

模拟主持：观众朋友们大家好，欢迎来到今天的《时尚生活》，我是主持人××。随着人们生活水平的不断提高，人们对生活品质也有了更高的要求，在不知不觉中，红酒已经悄悄融入人们的日常生活中，今天我就来教教大家如何分辨红酒的好坏。

分辨红酒的好坏要从看、闻、品三个方面来进行,第一个步骤是“看”。我们将红酒瓶倒过来,倾斜一定的角度,迎着阳光或灯光看瓶底是否有较多的沉淀和残渣,如果太多说明这款酒有问题,如果没有或有少量透明的沉淀物是正常的,因为红酒在长期发酵的过程中,会产生酒石沉淀。接着我们打开红酒,倒入红酒杯中,看它是否清澈,如果比较浑浊,就不要喝了。均匀摇杯,看杯壁的酒下流的状态,酒黏稠、流速慢,酒的质量较好。但仅用这一点来判断红酒的好坏是不正确的,这只能说明红酒的黏稠度和酒精度的高低。

接下来的第二个步骤是“闻”。打开瓶塞后,我们先闻一下木塞,如果有发霉的味道,建议不要饮用。倒入红酒杯轻轻摇杯,闻酒,香气浓郁,是好酒。如果有特别刺激的酒精味,说明这款酒坏了,不要饮用。

第三个步骤是“品”。红酒开瓶后,醒一会儿,喝一口,用味蕾去品尝。红酒的口感层次一般是“酸—甜—苦—涩”,好的红酒酸涩味消散较快,醇香绵长,口感圆润;不好的红酒一般比较酸涩或平淡如水。以上就是辨别红酒好坏的三个步骤,您学会了吗?

好了,今天的节目到这里就接近尾声了,如果您还有什么想了解的,欢迎在我们的官方微博留言。感谢您的收看,我们下期再见!

范例 6-13

请根据以下信息主持一档生活服务类节目。

西红柿是一种比较受大家欢迎的蔬果,因为它制作方便,并且吃起来口感也很不错。吃西红柿的好处有以下几个方面:

一是健胃消食。西红柿含有苹果酸、柠檬酸等有机酸,能促使胃液分泌,调整胃肠功能,有助于胃肠疾病的康复。所含果酸及纤维素有助消化、润肠通便的作用。

二是清热解毒。西红柿有清热解毒的功效,对发热烦渴、口干舌燥、牙龈出血、胃热口苦、虚火上升有较好的治疗效果。

三是降脂降压。西红柿所含的维生素 C、芦丁、番茄红素及果酸,可降低胆固醇,预防动脉粥样硬化及冠心病。另外它还含有大量的钾及碱性矿物质,能促进血液中钠盐的排出，对高血压、肾脏病有良好的辅助治疗作用。

四是抗血凝聚。研究发现，西红柿具有抗血小板凝聚的功效，可以防止脑血栓的发生。冠心病患者及中风患者每天适量饮用西红柿汁有益于疾病康复。

模拟主持：大家好，欢迎来到今天的《美味厨房》，我是你们的美食推荐人××。春天到了，虽然这个季节南方的空气已经有些潮湿，但我们的嘴巴和皮肤却还是容易发干。这时就有人问了："能不能推荐一款适合这个季节、做起来又方便的美食？"当然可以啦，我今天要给大家推荐的美食就是——西红柿炒蛋。这是一款非常简单的家常菜，很适合平时工作繁忙又注重养生的白领朋友们。

春天口唇易干裂，除了空气干燥的原因之外，与我们日常饮食缺乏水分、油脂、维生素也有关系。而我们这道菜的主要材料西红柿就是这个季节的首选蔬果，它不仅能健胃消食、降脂降压，还能清热解毒、抗血凝聚，最重要的是很多人会在春天减肥，让夏天的自己更加婀娜多姿，而西红柿刚好就是"减肥神器"。

说了这么多，下面马上到我们的做菜环节。首先将西红柿洗净后切滚刀块，再切一点葱花来做菜的点缀。将鸡蛋打入碗中，放几个鸡蛋呢看自己的喜好。我们接着在锅里放入2大勺油，油热后倒入蛋液，大家可以看到我是用菜籽油炒的，是不是仿佛已经闻到香味了呢？我们将鸡蛋炒散后盛出，再倒入一点油将葱花煸香，然后倒入西红柿块翻炒，直至西红柿炒软，汤汁溢出。大家可以根据自己的习惯加入适量的盐和白糖，倒入鸡蛋一同翻炒，再淋入一点水淀粉。好了，我们现在要做的就是最后一步——等汤汁收缩。

在等汤汁收缩的过程当中，大家可以拿出手机扫描我们屏幕上方的二维码，我们每期节目的美食菜谱都会在里面出现哦！好了，我们的西红柿炒蛋可以出锅了，是不是色香味俱全呢？好了，今天的节目到这里就结束了，感谢您的收看，我们下期再见。

二、训练题库

1. 请根据以下信息，主持一档生活服务类节目。

皮蛋豆腐是皮蛋最科学的一种吃法，因为豆制品中的纤维素可以抑制食物中的铅在胃肠道的吸收,而其中的钙离子也可以抗铅,帮助排解人体摄入的铅,有助于降低人体血液中铅的浓度。这道菜做起来省事方便,但是想要做好,也是有窍门的。

皮蛋豆腐的食材和调料:

嫩脂豆腐一盒、皮蛋两个、榨菜小半包、香油、香葱、盐、鸡精。

皮蛋豆腐的家常做法:

(1)把豆腐扣入盘中,静置片刻,倒出溢出的水;

(2)将榨菜切成碎末,皮蛋切成丁,撒在盘中豆腐上,然后撒上香葱末,倒上热食用油,撒上鸡精和盐,即可食用。

2. 请根据以下信息,主持一档生活服务类节目。

夏季护肤小窍门:

(1)涂防晒品时,不要忘了涂脖子、下巴、耳朵这些小地方。涂抹时一定要均匀,否则会造成肤色不均,变成大花脸。

(2)防晒品应该每隔三四个小时就涂一遍。

(3)每年最好更换新的防晒品,并注意将其存放于阴凉之处,以免失效。

(4)尽量避免在夏日上午 11 时到下午 3 时晒太阳,因为这段时间的紫外线最强,对皮肤的伤害也最大。

(5)随身携带补水喷雾,随时补充肌肤水分。

(6)烈日暴晒后要彻底洗净身上盐分,再用蘸有凉水的棉布在肩部、面部、背部等发烫的部位轻拍并冷敷约半小时,帮助收缩和保养皮肤,缓解暴晒后的不适感。

3. 请根据以下信息,主持一档生活服务类节目。

哪些伤口不能使用创可贴:

(1)小而深的伤口不能贴:由于创可贴的吸水性和透气性都比较差,不利于伤口内的分泌物和脓液排出,容易使细菌生长繁殖,引发或加重感染。

(2)动物咬的伤口不能贴:对于狗咬伤、猫抓伤、蛇咬伤、毒虫蜇伤等由动物造成的伤口,切忌使用创可贴,以免毒汁和病菌在伤口内蓄积或扩散。这类伤口应在第一时间用清水、冷茶水、矿泉水、生理盐水、2%的肥皂水等，反复冲洗15分钟以上。

(3)污染较重的伤口不能贴：烧伤、烫伤的创面，创面较大的皮肤擦伤以及污染较重的伤口，都不能使用创可贴，否则会引发或加重感染。

(4)表皮轻微擦伤不需要贴：一般来说，如果仅仅是轻微的表皮擦伤，可不必使用创可贴，只要用碘酒或酒精涂一下，就能预防感染。

4. 请根据以下信息，主持一档生活服务类节目。

煤气中毒一般分为三种情况：

第一，如果您本人已经感觉到自己有煤气中毒的迹象，就要趁自己的意志还算清醒的时候抓紧时间开窗通风，并且迅速离开现场，呼吸外面的新鲜空气。

第二，如果您已经觉得自己浑身没有力气了，就应该尽量趴在地上，慢慢爬到门或者窗户旁边，打开门或窗户求救。

第三，如果您发现别人出现了煤气中毒的迹象，就要根据他中毒的程度决定如何处理。如果他已经昏迷，就要直接送到医院进行抢救。这个时间很关键，如果错过了最佳治疗时间，就有可能导致终身瘫痪。如果他还不是特别严重，可以先将他移至外界进行人工呼吸或者及时供氧，冬天的话还要注意保暖。如果您不知道如何处理煤气中毒的状况，那么即使对方不是很严重，也要及时将他送往医院进行抢救。

5. 请根据以下信息，主持一档生活服务类节目。

鼻塞家疗五法：

(1)煎熏法：将一小把葱白或两三个洋葱切碎煎汤，用鼻吸热气，或将食醋烧开吸醋气，疗效都较好。

(2)填充法：将葱白捣烂取其汁渗入药棉内，把药棉塞入鼻孔，或将一个大蒜瓣削成比鼻孔稍小的圆柱形，用纱布包好塞入鼻孔，疗效也不错。

(3)侧卧按摩法：左侧鼻塞向右卧，右侧鼻塞向左卧，用双指夹鼻按揉双侧迎香穴1—2分钟，鼻塞可除。

(4)热敷法：用热毛巾敷鼻，或用电吹风对着鼻孔吹热风，吹太阳穴、风池穴、大椎穴，鼻塞可除。

(5)变位法：这种方法适用于婴儿。婴儿鼻塞时，常哭闹不停，这时可将婴儿竖直抱起，婴儿很快便能安然入睡。

6. 请根据以下信息，主持一档生活服务类节目。

不同的水果有不同的挑选原则，但有几个共通的原则可供参考：同样大小的水果中，重量较重的水果组织较细密，水分较多；有绒毛的水果，要看绒毛的长短，绒毛长的比短的好；外皮细致光滑的比粗糙的好。

苹果——若底部泛出青色，表示尚未成熟；敲敲看，如声音不脆，表示不新鲜。

菠萝——青黑有光泽的菠萝，浑圆饱满者最为新鲜；若叶片呈深绿色，表示日照良好，甜度和汁液都很多；泛出香味，用手按压有柔软感的菠萝最为可口。

草莓——新鲜的草莓全果鲜红均匀、色泽鲜亮，有自然的果香，若果实还残留白色部分，表示尚未成熟。

香蕉——表皮有一些黑色斑点，且色泽深黄的香蕉最为可口。

7. 请根据以下信息，主持一档生活服务类节目。

家庭防火：

(1)用完电器之后要及时切断电源。比如看完电视或者是用完电脑以后一定要关掉电源。把插头拔下来的时候注意不能用力向外拽线，而要用手握着插头拔起切断电源。

(2)晚上停电的时候，如果点蜡烛的话，一定要把蜡烛放在石面材质或者铁质的物体上，比如瓷砖地面或者是铁质的包装盒之类的物体上，还要注意蜡烛的附近不能有易燃物品。

(3)使用吹风机时，要等到吹风机完全冷却以后再进行存放，注意不要把刚使用完的吹风机放在易燃物品上。

(4)不要在房间里面燃放烟花，应该到外面的空地上去燃放。

8. 请根据以下信息，主持一档生活服务类节目。

电饭煲做蛋糕：

原料：面粉 1 杯（普通一次性杯子大小，约 60 克）、鸡蛋 4 个、牛奶半杯（面粉的一半）、低筋面粉或蛋糕粉 100 克（如果没有，可用普通面粉加 10 克淀粉代替）、砂糖（根据自己的口味添加，还可以放喜欢的水果）。

操作方法：第一步，将蛋清、蛋黄分离，再将蛋黄打散；第二步，加入适量砂糖，再打散；第三步，将面粉筛入，继续打散；第四步，将牛奶倒入，充分搅拌，若想加水果，可在此时加入；第五步，按下电饭煲煮饭键预热 1 分钟拿出，将少许油均匀涂在锅内，以防粘锅；第六步，倒入搅拌好的东西，按下煮饭键，2 分钟后调到保温档，用毛巾捂住通风口闷 20 分钟，然后按下煮饭键，20 分钟后出锅。

9. 请根据以下信息，主持一档生活服务类节目。

皮鞋霉斑清除法：皮鞋放久了发霉时，可用软布蘸酒精加水（1∶1）溶液进行擦拭，然后放在通风处晾干。对发霉的皮包也可如此处理。

巧制肉馅：将要做馅的肉放入冰箱冷冻，待完全冻实后取出，用擦菜板擦肉，很容易就能把冻肉擦成细条，之后只要用刀剁几下就可以了。

皱褶身份证复原法：将身份证放在桌上，上面盖一两层纸，用熨斗隔纸熨烫（温度不易过高），熨好一面再熨另一面，即可使之平展如初。

10. 假如你是旅游节目外景主持人，请根据以下材料主持一档旅游节目。

丽江是一座没有城墙的古城，她依山傍水，风景秀丽。古城内光滑的石板路、手工建造的土木结构房屋、无处不在的小桥流水，无一不在向世人展示着她的恬静清幽。浓郁的人文气息、丰富的民族文化、明丽的自然风光、慵懒的生活节奏，使得人们来了就不愿离去。

11 月是旅游淡季，此时去丽江花费低且气温适宜。丽江属于高原西南季风气候，年温差小，四季皆宜。如果你要欣赏古城缤纷的雪景，冬天去丽江也是一个不错的选择。

小贴士:

保暖:虽然丽江大部分地区冬暖夏凉,但昼夜温差较大,所以来丽江要带上外套,里面可以自由穿搭。

防晒:丽江日照时间长,紫外线强,长时间在户外活动,要戴太阳帽,涂抹防晒霜,以保护皮肤。

通信:在丽江古城内,手机信号比较好;出了城,进入山区以后手机通常信号较弱。

11. 请主持一档介绍家乡美食的旅游类节目。

第七章　活动综艺类模拟主持题库

本章范例 7-1 至 7-5 为活动赛事类模拟主持，范例 7-6 至 7-10 为综艺娱乐类模拟主持。

第一节　活动赛事类题库

一、实战引导

范例 7-1

某电视台将举办古典舞大赛，请设计该大赛的开场白。

模拟主持：各位现场、电视机前的观众朋友，大家好！欢迎收看《"古舞人心"古典舞大赛》的第一场比赛！舞蹈如同音乐，是人类超越语言的特殊符号。人类的演化进程，蕴藏着肢体和灵魂的解放，正是这种力量，催化了人类肢体和谐运动的最高境界——舞蹈的诞生。

我们的《"古舞人心"古典舞大赛》为全国各地的古典舞爱好者搭建了一个尽情舞动的平台。无论是专业舞者还是业余舞者，只要对古典舞有自己独到的表达，在这里都可以尽情挥洒风采！

让我们赶快动起来吧！伴随着悠扬的旋律，展现我们轻盈的舞姿，让我们的舞步快乐飞旋!

首先请允许我介绍一下担任这次舞蹈大赛的评委,他们是:×××、××……让我们用热烈的掌声对各位的到来表示欢迎。

我们将以现场评委打分与现场观众投票的方式对参赛节目进行评比,去掉一个最高分,去掉一个最低分,取平均分记最终成绩。前十名者将进入下一轮比赛。

跳跃的音符,演奏着古典的活力;动感的舞姿,展示着古典的魅力!我宣布,《"古舞人心"古典舞大赛》现在正式开始!

首先请欣赏由××带来的第一个舞蹈,代表着欧洲古典舞风格的经典芭蕾舞《天鹅湖》!掌声有请!

范例 7-2

某大学将举办"十佳歌手"大赛,请设计该大赛的开场白。

模拟主持:尊敬的各位领导、各位老师,亲爱的同学们,大家晚上好!欢迎大家来到"十佳歌手"比赛的决赛现场,我是主持人×××,很荣幸今天可以陪大家一同度过晚上的音乐旅程!

今天学校为我们提供了一个展示自我的舞台,希望大家在今天的比赛中尽情展现自己的歌喉,唱出自己的风采!首先,让我们认识一下本次比赛的评委老师,他们是:××、××、××……让我们对各位老师的到来表示最热烈的欢迎!

现在,我宣布,比赛正式开始,首先有请今天的第一位参赛选手×××。

范例 7-3

中秋节将至,某电视台将举办"同在明月下,共享中华诗"的朗诵比赛,请设计该比赛的开场白。

模拟主持:人们在月下聚餐赏景,人们在月下饮酒作诗,人们在月下寄物托思,人们在月下期盼美好。各位观众朋友大家好!这里是由××电视台为您带来的中秋节特别节目《"同在明月下,共享中华诗"朗诵比赛》的决赛现场。我是主持人××。经过了近两个月的激烈角逐，一共有12位选手通过专家评审团的评审闯入今天的决赛。他们是：一号选手××、二号选手××……。今天我们很荣幸地邀请到几位播音届的大咖来担任本次比赛的评委，特别要向大家隆重介绍的是我国著名配音员——孙悦斌老师！孙老师朗诵的《中秋》这首诗被我们很多选手选用，今天他从百忙之中抽空来到我们的比赛现场，让我们把掌声送给孙老师！今天到场的嘉宾还有××、××……让我们同样用热烈的掌声欢迎各位老师的到来！

“但愿人长久，千里共婵娟”，在恋人的思念里，不管相隔多远，都能共享这美好的月光；“海上生明月，天涯共此时”，在挚友的情谊里，明月如信物，连接着千万里的挂念。自古以来，好诗就与明月分不开，在今天这个特别的日子里，让我们在月下同吟经典。《“同在明月下，共享中华诗”朗诵比赛》正式开始！接下来马上进入今天的第一个环节，请各位选手做好准备，有请第一位选手××。

范例 7-4

某电视台将以“唱响红歌”为主题举办歌唱比赛，请设计该比赛的开场白。

模拟主持：电视机前的各位观众朋友，大家下午好！这里是由××电视台为您带来的《“唱响红歌”歌唱比赛》的现场，我是主持人××。

99年前的7月，一个伟大的政党庄严宣告成立；99年前的7月，一面火红的旗帜迎风冉冉升起。中国共产党经历了99年的风雨征程，带领全国人民取得了一个又一个胜利。今天，我们用歌声缅怀历史、抒发情感、展望未来；今天，我们歌颂党，歌颂美好生活，唱响心中的歌。

从嘉兴南湖的粼粼波光，到井冈山上的燎原之火；从抗日战争的滚滚硝烟，到三大战役的辉煌战果；从五星红旗的冉冉升起，到“一五”计划的胜利实现；从改革开放的伟大创举，到神舟飞船的展翅翱翔，一位位革命先驱奉献年华、倾洒热血，一代代共产党人斗志昂扬、锐不可当。枪林弹雨中，他们挺起坚毅的胸膛；和平年代里，他们引领世纪的远航！热血奏响壮烈的凯歌，青春谱写激昂的乐章！

今天，我们齐聚一堂。唱支山歌给党听！××电视台《“唱响红歌”歌唱比赛》现在正式开始！

范例 7-5

请以“低碳生活”为主题,设计一场主题班会的开场白。

模拟主持:大家好,我是本次班会的主持人××,今天我们的班会主题是“低碳生活”。

什么叫低碳呢?低碳就是指较低的温室气体排放。随着世界工业经济的发展、人口的剧增、人类欲望的无限上升和生产生活方式的无节制消耗,二氧化碳排放量越来越大,地球臭氧层正遭受前所未有的破坏,全球灾难性气候屡屡出现,我们的地球已经失去了她原本美丽的面孔。据调查,中国每年生产 800 亿双一次性筷子,首尾相接,可以从地球往返月球 21 次。每年,中国因生产一次性筷子而减少的森林蓄积量约为 200 万立方米。如果我们随身携带环保筷,每减少一万双一次性筷子,就将少砍 0.32 棵树,减少碳排放量 3.7 公斤。同学们,地球只有一个,保护地球的环境就是保护我们人类自己。

本次班会我们邀请了××老师、××老师参加,让我们用掌声欢迎老师们的到来。经过讨论,班会设置三个环节:第一个环节为环保知识竞答,全体同学分为三组,通过竞答得分,由老师来担任我们的裁判员,得分最高的一组将获得奖品;第二个环节为低碳生活宣传片的放映和观看;第三个环节为自由发言环节,大家发完言后由××老师进行总结发言。

低碳生活其实是一种生活态度,节电、节油、节气、节水、植树,等等都是低碳生活的表现。就让我们从今天起,一起倡导低碳生活,为低碳生活贡献自己的力量吧!

接下来我们正式进入第一个环节——环保知识竞答。

二、训练题库

1. 学校将举办影视作品配音比赛,如果你是主持人,该如何开场?

2. 中央电视台举办的舞蹈大赛即将结束,假设你是主持人,请为这个比赛设计结束语。

3. 假设你是康辉新书发布会的主持人，请完成一段现场主持。

4. 毕业生供需见面会即将举行，你作为主持人，该如何开场？

5. 奥运会期间，正在直播乒乓球比赛，假设你是主持人，请为本次比赛做即兴解说。

6. 某中学高二年级篮球赛女子决赛正在进行，请为本次比赛做即兴解说。

7. 某市正在举行城市马拉松大赛，请你做即兴解说。

8. 学校将举办"我和我的祖国"朗诵比赛，请你设计一段开场白。

9. 中央电视台举办的主持人大赛即将结束，假设你是主持人，请为这个大赛设计结束语。

10. 学校将举办"改革开放 40 周年"演讲比赛，请你设计一段开场白。

11. 请你主持《哪吒之魔童降世》电影发布会。

12. 在歌唱比赛的现场，一位选手以 0.1 分的微弱差距惜败，无缘总决赛，请你进行一段主持。

13. 请你主持中国融媒体发展论坛开幕式。

第二节　综艺娱乐类题库

一、实战引导

范例 7-6

今天是母亲节，某电视台要举办一场母亲节晚会，请你为本次晚会设计开场白，并引出第一个节目。

模拟主持："慈母手中线，游子身上衣。临行密密缝，意恐迟迟归。谁言寸草心，报得三春晖。"这是我们从小就会背的一首诗。"世上只有妈妈好，有妈的孩子像块宝。"这是我们每个人都会唱的一首歌。世界上有一种爱，任你肆意地索取，却从不需要回报，这种爱叫母爱。有一种伟大叫母亲，有一种依恋叫妈妈。母亲——亲爱的妈妈，多少年的风雨您曾经历过，多少年的无闻付出您从不问收获。三江四海五湖水,淌不完母亲对儿女的冷暖情长;三山四岭五岳松,抒不尽儿女对母亲的孝心敬意。五月,让我们在高歌无私而伟大的母爱的同时,更多地理解母亲、关爱母亲!

值此母亲节来临之际,让儿女们把心底的颂歌献给您!现在我宣布,××电视台母亲节晚会正式开始。

接下来,让我们看看×××和×××是怎么向母亲表达爱意的,请欣赏小品《礼物》,掌声欢迎。

范例 7-7

"迎新春"元旦晚会即将结束,请设计一段结束语。

模拟主持:今晚,大家灿烂的笑容和爽朗的笑声,使相聚其乐融融,分外惬意舒心。

我们的光荣与梦想将在这个时代变成现实,我们的精神和思想将在这个时代得到升华,我们的脚步将在这个时代印下历史的痕迹,我们的人生将在这个时代抒写壮阔的篇章!

同学们,回首过去,我们热情洋溢;展望未来,我们斗志昂扬。让我们在新的一年里张开腾飞的翅膀,向着更高的目标飞翔。希望大家珍惜青春,珍惜春天,拥抱美好的未来。

我们的"迎新春"元旦晚会到此就要结束了,祝福大家平安喜乐、顺顺利利!我们明年再见!

范例 7-8

请为雅安地震赈灾晚会设计一段开场白。

模拟主持:电视机前的各位观众们,大家晚上好!这里是雅安地震赈灾晚会的现场,我是主持人×××。此时此刻,我的内心充满了复杂的情绪,希望逝者安息,生者安好。

在天灾前,生命是那么渺小,那么脆弱,那么不堪一击。当我看到孩子失去父母,恋人失去伴侣,父母失去孩子,那一幕幕揪心的画面,让人心如刀割。

但是，在这场地震中，我们不仅看到了自然的巨大力量，更看到了中国人民顽强的意志和中华民族团结的力量。

在这场特大灾难面前，灾区人民不屈不挠、奋起自救；全国人民奉献爱心、倾力支援；港澳台同胞以及海外华人华侨同舟共济、踊跃捐款；众多外国政府、国际组织和国际友人慷慨解囊、积极支援。人们在血泪交融中呼唤生命，人们在血脉相连中呐喊：中国，加油！雅安，加油！

范例 7-9

中央电视台举办纪念五四运动 100 周年文艺晚会，请为本次晚会设计开场白，并引出第一个节目《青年说》。

模拟主持：青春建功新时代，扬帆追梦新未来。广大的青年朋友们，大家晚上好。

今天是五四青年节，在这个属于青春的日子里，让我们祝福全国的青年朋友们节日好！

今天是一个特别的日子，是五四运动 100 周年纪念日。五四运动以来的 100 年是中国青年一代又一代接续奋斗、凯歌前行的 100 年，是中国青年用青春之我创造青春之中国、青春之民族的 100 年。

新时代中国青年运动的主题、新时代中国青年运动的方向、新时代中国青年运动的使命就是坚持中国共产党领导，同人民一道为实现“两个一百年”奋斗目标，为实现中华民族伟大复兴的中国梦而奋斗。一个时代有一个时代的主题，一代人有一代人的使命。追梦需要激情和理想，圆梦需要奋斗和奉献，新时代、新征程，让我们一起努力奔跑，共圆中国梦。

今晚我们将共同回望 100 年来中国的沧桑巨变，用声音、用舞蹈、用音乐来演绎热血青年的奋斗故事。首先，我们将听到三位榜样青年讲述他们的青年故事，请欣赏《青年说》。

范例 7-10

请为庆祝中华人民共和国成立 70 周年文艺晚会设计开场白。

模拟主持:今天我们喜迎共和国70年大庆,江山是那样瑰丽,天空是那样湛蓝;今天我们祝福新中国70年华诞,歌声是那样嘹亮,人民是那样豪迈。

在这片美丽富饶的国土上,我们深知共和国是红色的,红色政权来之不易,新中国来之不易,中国特色社会主义来之不易。

在这个日新月异的家园里,我们坚信幸福是奋斗出来的。正是一代又一代中华儿女,拼搏,成就震慑古今的丰功伟业;奋斗,成就今天中国的盛世荣光。

唯有不忘初心,才能牢记使命;唯有不懈奋斗,才能开创未来。

下面我宣布,庆祝中华人民共和国成立70周年文艺晚会正式开始!

二、训练题库

1. 请以"劳动最光荣"为主题,主持一场庆祝五一劳动节的晚会,完成结束语部分即可。

2. 春节联欢晚会的现场,刘谦的魔术即将结束,下一个节目是舞蹈《雀之灵》,请设计一段串联词。

3. 现在是某晚会现场,晚会进行中突然停电,三分钟后就会来电,如果你是主持人,你将如何处理?

4. 现在是国庆节晚会的现场,舞蹈《永远的太阳》即将结束,下一个节目是小品《今天是个好日子》,请设计一段串联词。

5. 中秋晚会上,《水调歌头》朗诵即将结束,接下来是舞蹈《嫦娥》,请设计一段串联词。

6. 如果你在主持五一劳动节晚会,上台时你却不慎摔倒,你将怎样化解尴尬,并引出下一个节目歌曲《劳动的欢乐》?

7. 现在是某广播电视节目主持人大奖的颁奖典礼现场,请你主持本次晚会,并请嘉宾宣布年度最佳主持人的获得者。

8. 春节晚会中,需要主持人向全国各族人民、港澳台同胞以及海外华人华侨送上祝福,假如你是主持人,你会怎么说?

9. 这里是娱乐节目《我爱讲笑话》的录制现场,请你作为主持人,讲一个笑话引出节目，并进入今天的搞笑视频环节。

10. 假如你是金鸡百花电影节的外场主持人，请根据以下材料，选取合适角度，主持红毯仪式。

2019 年 11 月 19 日晚，第 28 届中国金鸡百花电影节在厦门盛大开幕，千余位电影人齐聚一堂，现场星光璀璨。

本届电影节亮点颇多，15 日至 23 日展出 82 部国内外佳作，放映近 200 场电影，包括《吹哨人》《南方车站的聚会》等 35 部国产新片将亮相。

本届电影节的各类奖项竞争都十分激烈，《我不是药神》《流浪地球》《后来的我们》《红海行动》等作品入围最佳故事片。《我不是药神》的徐峥、《暴雪将至》的段奕宏、《地久天长》的王景春、《老兽》的涂们、《进京城》的富大龙、《过昭关》的杨太义等入围最佳男主角，这 6 名演员此前都曾在多个电影节获奖。而马伊琍、咏梅、姚晨等将角逐最佳女主角奖项。

此外，电影节在今年首度设立金鸡电影创投大会，为电影新人、投资人提供交流平台。据了解，今年金鸡电影创投大会共收到报名项目 1262 个，其中 867 个项目进入初评，30 个项目进入复评，终评结果将在电影节期间通过终极路演决出。

本届电影节除了开闭幕式以外，还将举办一系列影展、论坛等电影文化活动。11 月 23 日，第 28 届中国金鸡百花电影节将在厦门举办闭幕式暨颁奖典礼，届时将评选出最佳故事片、最佳导演、最佳男主角、最佳女主角等在内的 19 项奖项。

11. 请根据以下材料，主持一档娱乐节目。

戛纳电影节创办于 1946 年，以兼容并蓄和开放著称，兼顾影片的商业性和艺术性，与意大利威尼斯电影节和德国柏林电影节并称为“欧洲三大电影节”。每年 5 月，戛纳的滨海大道上都会聚集来自世界各地的电影人和电影艺术爱好者。

第 72 届戛纳电影节，中国电影和中国电影人成为外界关注的焦点之一，戛纳海滨将刮起“中国风”。

继去年贾樟柯携《江湖儿女》入围电影节主竞赛单元之后，今年中国导演刁亦男执导的新作《南方车站的聚会》入围主竞赛单元,将与其他 20 部入围影片一起角逐戛纳电影节最高奖——金棕榈奖。

《南方车站的聚会》由胡歌、桂纶镁、廖凡等出演,讲述了一名小偷在绝望的逃亡路上自我救赎的故事。

戛纳电影节组委会 11 日发布消息说,中国演员章子怡获邀与美国演员史泰龙、法国影星阿兰·德隆和丹麦导演尼古拉斯·温丁·雷弗恩组成大师班,他们将在电影节期间与观众及专业人士分享自己的电影生涯及感悟。

组委会 13 日还宣布,担任过戛纳电影节评委的华人演员巩俐将获颁卓越女性电影人奖——"跃动她影"奖。

12. 请根据以下材料,主持一档娱乐节目。

翻开中国电影史,科幻片一直都占据着无足轻重的位置。在中国拍摄科幻片,最大的争议就是科幻片天马行空的设定,在贫瘠的科幻国土上显得格格不入。再加上科幻片票房普遍低迷,导致中国电影在科幻片领域一直都是空白的。直到《流浪地球》的上映,用 46 亿多人民币的票房,在中国科幻电影史上撕裂开了一条缝隙,让中国观众真切地感受到科幻的光芒是如此绚烂。

很多人都说《流浪地球》使 2019 年成为中国电影的"科幻元年"。而事实上,在 2019 年之前,中国早就有科幻电影,不说卫斯理系列这种年代久远的电影,2008 年周星驰导演的《长江七号》相信观众大都还有些印象,但在这些印象中,几乎没有科幻的影子。

而在 2019 年,知名度最高的三部国产科幻电影——《流浪地球》、《疯狂的外星人》和《上海堡垒》,不管是从票房还是热度上来说,几乎可以全面吊打 2019 年之前所有国产科幻片的总和。

从这一点来看,说 2019 年是中国电影的"科幻元年",也未尝不可。

13.《朗读者》节目将邀请郎平以"青春"为主题,开启朗读。请你结合以下材料,设计一段开场白。

《朗读者》节目是以个人成长、情感体验、背景故事与传世佳作相结合的方式,用最平实的情感读出精美文字背后的价值。节目旨在用文化感染人、鼓舞人、教育人,展现有血有肉的真实人物情感。

郎平作为20世纪80年代中国女排主力队员，和其他队员一起实现了“五连冠”，展现了顽强战斗、勇敢拼搏的“女排精神”，激励着各行各业的中国人为中华民族腾飞而不懈奋斗。20世纪90年代以后，郎平两次在中国女排最困难的时期，主动担任主教练，传承“女排精神”。她大胆改革创新，大刀阔斧起用新人，搭建复合型教练团队，把中国女排重新带上巅峰，获得了奥运会、世锦赛等多项世界大赛冠军。“女排精神”已成为中国体育的一面旗帜，激励和影响着一代又一代中国人投身改革开放和中国特色社会主义伟大事业。

第八章　现场出镜类模拟主持题库

本章范例 8-1 至 8-5 为预知性事件报道,范例 8-6 至 8-9 为突发性事件报道,范例 8-10 至 8-12 为民生新闻报道。

第一节　预知性事件报道题库

一、实战引导

范例 8-1

请根据以下材料,完成一次现场出镜报道。

记者 26 日 7 时 30 分来到位于广州市花都区的广州火车北站,看到列车工作人员正在列队登车。8 时 50 分,铁道部和广东省领导在首趟高速列车车头前的站台上举行了简短的剪彩仪式;9 时整,列车呼啸驶出车站,北上武汉。

"陆地飞行下广州,千里南国一日还。"从武汉至广州,武广高铁平均每小时 341 公里的运行速度,使 630 分钟的车程缩短到 188 分钟。

在联调联试运行阶段,武广高铁还在双车"重联"状态下,跑出了 394.2 公里的时速。

记者亲身体验了一下"中国速度",发现武广高铁不仅速度快,而且乘坐十分舒适,坐在列车上几乎感觉不到晃动。

武广高铁创下的“中国速度”见证了中国用不到 10 年的时间，走过了发达国家近半个世纪才走完的历程。

从 43 公里到突破 100 公里，中国旅客列车平均时速的提高花了 20 多年的时间。从 2001 年中国铁路 4 次大规模提速，到 2004 年广深铁路 160 公里的“准高速”铁路投入运营，再到 2009 年武广高铁的“陆地飞行”，中国高速铁路技术的发展实现了历史性的飞跃。

模拟主持：观众朋友们大家好，我现在位于广州市花都区的广州火车北站。大家可以看到，我身边的这辆列车就是今天即将试运行的和谐号，它是我国自主研发的新一代高速电力动车组。虽然它和咱们有些城市的轻轨看上去差不多，但是它的设计时速达到了 350 公里。也就是说，以往从武汉到广州最快需要十个半小时，而现在只需要 3 个小时。

从广州出站以后，列车很快就提速到了 350 公里。大家可以顺着我的手看我放在窗边的这杯水，几乎没有任何晃动。我坐在座位上，就像坐在静止的车里，十分平稳舒适，只有在看电子显示屏上的数字和窗外呼啸而去的景色时，才可以感受到列车 350 公里的惊人时速。

列车经过湖南郴州段后开始冲击最高时速。“392！393！394！”司机盯着速度表兴奋地报出数字。铁道部运输局局长告诉我们，两列车在“重联”状态下跑出 394.2 公里的时速，中国是第一个。给大家普及一个小知识：一架波音 737 客机的起飞速度大约是 300 公里/小时，而武广高铁跑出的 394 公里/小时已经大大超过了飞机起飞的速度，可以说，武广高铁是“在陆地上飞行”。

经过 2 小时 54 分的车程，记者安全抵达终点站武汉站。从武广铁路的顺利试运行，我们可以看到，武广高铁创下的“中国速度”见证了中国用不到十年的时间，走过了发达国家将近半个世纪才走完的历程。时速从最初的 40 公里到如今的 350 公里，中国高速铁路技术的发展实现了历史性的飞跃。

范例 8-2

请根据以下材料，完成一次现场出镜报道。

近日，白云区安监局会同龙归派出所、太和镇安监中队开展安全巡查。记者跟随安监执法人员来到位于太和镇柏塘北路40号的一处仓库。还未走近，记者就闻到一股浓烈的刺激性气味。

据了解，这个占地面积逾200平方米的仓库，被来自江西赣州的林某用于非法经营危险化学品，其非法代理的品牌主要有PU王牌稀释剂、花王牌固化剂和花王牌面漆。据林某介绍，这些稀释剂、固化剂、面漆均为正规厂家生产，他通过非法途径获取，准备倒卖至家具厂等单位。

经检查发现，这个简陋的仓库里非法储存了约37.52吨危险化学品，其中包括PU王牌稀释剂152桶、花王牌固化剂500桶、花王牌面漆1260桶。上述物品标签标识均为第三类易燃液体。

模拟主持：主持人和观众朋友们大家好，我现在所在的位置是太和镇柏塘北路40号的仓库，白云区安监局和太和镇安监中队现在已经到了这里，正在进行安全检查。我现在在这个仓库门口，就已经闻到非常浓烈的刺激性气味了。这个仓库存放的都是第三类易燃液体。据了解，虽然这些液体的生产是合法的，但由于第三类易燃液体属于危险品，需要办理特殊手续才能获取。而这个仓库的经营者是通过非法途径获得这些液体的，并准备把这些液体倒卖给家具厂等单位。

观众朋友们可以跟随我们的镜头看到，这个仓库外表看起来其貌不扬，非常隐蔽。现在这些易燃液体都存放在这个仓库里，我们可以看到，刚才仓库的大门是紧闭的，现在安监局的工作人员已经把大门打开了，我们现在就随他们进去看一下。大家可以看到，这些堆起来的一桶一桶的液体全部存放在这个密闭狭小的空间里，有大有小，而且箱子上都明确标识着第三类易燃液体，地上还有液体的印记，说明这些液体有一些泄漏，非常危险。现在工作人员正在对这个仓库进行进一步的安全检查，现场暂时还见不到仓库经营者的身影，其他结果我们将做进一步的后续报道。

好的主持人，现场的情况就是这样。

范例 8-3

请根据以下材料，完成一次现场出镜报道。

2 月 19 日，记者零距离聚焦延边州 2019 年“春风行动”招聘会，百余人拥入招聘现场，寻找适合自己的就业岗位。

延边州每年都开展“春风行动”，但每年主题不同，针对性也不一样。今年“春风行动”的主题是“促进转移就业，助力脱贫攻坚”。为保证“春风行动”取得良好的效果，活动现场设立了服务咨询台，提供政策咨询、求职登记、职业指导、技能培训等现场咨询服务。随着覆盖面不断扩大、精准度日益提升，“春风行动”在困难群众帮扶、维护社会和谐等方面发挥出越来越重要的作用。据了解，“春风行动”每年都可以解决非常多的求职需要，是名副其实的惠民行动。

模拟主持：主持人和观众朋友们大家好，我现在是在延边州“春风行动”招聘会的现场，现在是北京时间早上 8 点，人力资源大厅里已经挤满了求职者，他们满怀希望，希望在这里能找到心仪的岗位。

据延吉市就业局副局长介绍，从目前的供求关系来看，销售、服务型行业的岗位依然比较热门。今年全州有 70 多家用工单位提供就业岗位一千余个，但只有 900 多名求职者入场咨询，供大于求。

今年“春风行动”的主题是“促进转移就业，助力脱贫攻坚”。为保证“春风行动”取得良好的效果，活动现场设立了服务咨询台，提供政策咨询、求职登记、职业指导、技能培训等现场咨询服务。随着覆盖面不断扩大、精准度日益提升，“春风行动”在困难群众帮扶、维护社会和谐等方面发挥出越来越重要的作用。据了解，“春风行动”每年都可以解决非常多的求职需要，是名副其实的惠民行动。

好的，我在现场的情况就是这样，下面把时间交还给主持人。

范例 8-4

请根据以下材料，完成一次现场出镜报道。

我国水资源短缺的问题由来已久，实现水资源的高效利用和有效保护，根本上要靠制度创新。在这一背景下，“十二五”之初，党中央国务院从保障国家水安全战略的高度,部署实行严格的水资源管理制度,并对落实该管理制度进行严格考核,以推动各项政策措施有效落地。

在新疆,昌吉回族自治州是最缺水的地区之一,一场关于水权的改革正在试点推进。2015 年,全州 7 个县市农业用水初始水权确权登记工作全面推开。在确权的基础上,全州在各乡镇成立了水权交易中心,由水管单位通过水库建立“水银行”,规定农民在农业初始水权水量范围内,通过节水灌溉技术等措施节约的水量,归农户自己所有。

马贵杰是玛纳斯县塔西河六村村民,全家 10.32 亩耕地核定水权水量为 4180 立方米。去年,他家实际用水量为 3179 立方米,节约并出售水量 1001 立方米。“节省下的水可以出售,这些收入抵完水费还有剩余。”马贵杰说,水权交易改革让大家节水的热情高涨。

农业水价改革不是简单地提高价格,而是涉及水权分配、价格形成机制、补贴和激励机制等多方面的综合改革。改革的目的是要让水价更好地反映市场供求和资源稀缺程度,发挥水价在节水中的杠杆作用,激发农民的节水动力。虽然农业水价改革是水利改革的敏感地带,改革的困难不少,但目前已取得了一些实质性进展。

模拟主持:观众朋友们大家好,我是记者×××。我现在所处的位置是新疆昌吉回族自治州。这里是新疆最缺水的地区之一,而中国极度缺水的地区除了昌吉外还有很多。在这一背景下,“十二五”之初,党中央国务院从保障国家水安全战略的高度,部署实行了严格的水资源管理制度,这一举措推动了各项政策措施的有效落地。2015 年,全州 7 个县市农业用水的初始水权确权登记工作全面展开。在确权的基础上,各乡镇成立了水权交易中心,建立了“水银行”,规定农民在农业初始水权水量范围内,通过节水灌溉技术等措施节约的水量,归农户自己所有。

刚刚我们采访了一位玛纳斯县塔西河六村的村民马贵杰,他说全家 10.32 亩耕地核定水权水量为 4180 立方米,而去年实际用水量仅为 3179 立方米,节约并出售水量 1001 立方米。他说节省下的水出售的收入抵完水费还有剩余。可以看出来,水权交易改革让大家的节水热情高涨。

其实，农业水价改革不是简单地提高价格，而是涉及水权分配、价格形成机制、补贴和激励机制等多方面的改革。改革的目的主要是让水价更好地反映市场供求和资源稀缺程度，发挥水价在节水中的杠杆作用，激发农民的节水动力。虽然农业水价改革一直是水利改革的敏感地带，改革困难很多，但是目前已经取得了一些实质性的进展。现场的情况就是这样，主持人。

范例 8-5

请根据以下材料，完成一次现场出镜报道。

昨天下午，武汉天河国际机场进行了一次全面消杀，为即将到来的复航做好相关准备。

执行此次消杀任务的是武汉市消防救援支队的 160 名队员，他们分成十多个小组，深入到航站楼内部的出发大厅、安检区、候机区等，针对旅客接触较多的区域和部位，展开重点消杀。

疫情期间，武汉天河国际机场在抗疫物资转运、医疗队包机往返等方面发挥了重要作用。按照民航局安排，武汉天河国际机场将于 4 月 8 日零时起恢复国内客运航班，除了全面消杀以外，其他准备工作也在同步进行。

模拟主持：主持人好，观众朋友们大家好，我现在所处的位置是武汉天河国际机场。在我的身后是武汉市消防救援支队正在进行全面的消杀工作。据了解，这次行动共派出 160 名消防队员，在航站楼、停车场等区域进行深度消毒杀菌，确保这座大型交通枢纽在防控疫情中不留死角和盲区，也为机场的全面复航做好准备。

大家可以看到，我身后的消防队员正在调配药水，这个药水是根据国家相关的防疫标准来配制的，而防疫工具的选择也是经过了科学的考量。我现在所处的区域是机场二层的到达区，我们可以看到，几位消防队员身着防护服，正在用自动喷洒式药箱对这片区域的地面进行消杀。我们了解到，这次行动的重点是在机场旅客频繁出入的区域，包括出入通道、电梯等一些旅客密切接触的地方。相比于日常的消杀，这次的行动可以说是更加全面、更加严谨、更加专业。

在这里,我们可以感受到各工作人员对于防疫工作的重视,大家都积极按照国家要求进行防控,我们也期待着武汉天河国际机场全面复航的那一天。好的,主持人,现场情况就是这样。

二、训练题库

1. 请根据以下材料,完成一次现场出镜报道。

在 10 天左右的时间里,水西门高架桥的桥墩上将被钻出 2000 多个直径 4 厘米左右的小孔,爆破人员将在这些小孔中填入炸药,引爆后的 4.8 秒内,整座高架桥便会坍塌下来。昨天上午 8:30,爆破孔的开钻工作正式启动,这也预示着水西门高架桥的爆破正式进入倒计时。

为了确保爆破工程的顺利进行,在昨天水西门高架的围挡现场,爆破施工方的 100 多名工作人员已经陆续进场。爆破员主要负责在开孔完成之后填满炸药,预计整个装炸药的过程会在一天内完成。这 10 天水西门高架桥的围挡施工区域,工作重点就是钻孔作业和安全防护材料的设置,工作时间计划从早晨 7 点持续到晚上 10 点,而在 10 点之后将不再施工,力争将扰民指数降至最低。

记者在现场看到,原先用来在桥面中央分隔路面的水泥桩正在被吊车调离桥面,还有一部分工人正在对桥面上的隔音屏进行拆除。一个桥墩被钻出 2000 多个孔,会不会对桥体的安全产生影响呢? 对此爆破施工方表示,他们已经进行过安全测算,这些小孔并不穿过桥墩,对桥体的承受能力不会带来安全影响。

2. 请根据以下材料,完成一次现场出镜报道。

4 月 28 日,云台山旅游客运站正式运营。从市汽车客运总站和旅游汽车中心站乘车可直达该站,在站内可转乘景区班车直达景区。当日 8 时,记者从旅游汽车中心站乘坐首辆开往云台山旅游客运站的班车,和 30 名游客一起体验了“零换乘”直通云台山景区的舒适、便利、快捷。亲身体验后,不少游客由衷地称赞:“来云台山旅游方便多了!”

4 月 28 日早上 8 时，30 名游客依次检票登上了首辆开往云台山旅游客运站的班车。一位邀请同学去云台山景区游玩的市民坐到车上后的第一件事情就是拍照片发微博。“之前在报纸上看到了云台山旅游客运站正式运营的消息，就想带同学来体验一下，没想到好得出乎我的预料。全新的班车、舒适的座椅、整洁的环境！”她兴奋地说。

据了解，今后云台山旅游客运站还拟开通漯河、开封、许昌、周口、安阳、濮阳、鹤壁、济源、邯郸、杭州、上海、武汉、襄阳等旅游班线十余条，构筑涵盖省内主要城市、辐射全国重点地区的旅游客运网络，方便更多的旅客来云台山景区游玩。

一位游客建议，如果能将每趟班车上的游客组成一个团体，来到云台山旅游客运站就可以享受团体票优惠，那么云台山旅游客运站带给游客的除了便捷和舒适之外，还有更多的实惠。

3. 请根据以下材料，完成一次现场出镜报道。

昨日，记者跟随辽宁省招考办工作人员走进“2012 年高考评卷现场”之一的沈阳师范大学计算机中心。

辽宁省普通高考评卷工作正在有序进行当中，全省共 25 万余考生，100 多万张试卷实行网上评阅，预计 6 月 26 日左右可发布成绩。

进入沈阳师范大学的计算机中心，现场只能听到敲击键盘的声音。评卷老师们正在认真评卷，他们面前的电脑上，只显示一道道通过电子技术切割的试题，除此以外，看不到其他信息。评卷现场全天都有武警严格把守，对试卷保管和扫描场所及评卷现场实施安全保卫，工作人员须持有效证件出入。试卷保管和扫描场所及评卷现场均安装了红外线监控摄像头，24 小时全角度监控，能看到所有老师，并全程录像。评卷使用的服务器、网络交换机、磁盘存储器、电源等关键设备都留有备份，所有相关人员都签订了保密协议。

每个评卷环节的工作都有专人负责，每个时段都有相关领导和专家实地指导和督察，每天都要总结当天情况，分析问题、查缺补漏。同时，重点加强网上评卷质量监控工作。

4. 请根据以下材料,完成一次现场出镜报道。

记者日前从北京市交通委了解到:《北京市出租汽车电召服务管理试行办法》(以下简称《办法》)将于6月1日开始实施。按照《办法》,乘客两次以上违约,1年内不列入用车服务承诺范围。

《办法》规定,电召服务形式分为即时叫车和预约叫车。即时叫车指约车时间与用车时间间隔小于30分钟;预约叫车指约车时间与用车时间间隔大于30分钟且小于24小时。

电召服务违约分为驾驶员违约和乘客违约。接受调度中心调派任务后未执行的驾驶员,将被予以处罚;严重违法违章、运营服务质量低劣的驾驶员,5年内不得从事出租汽车运营服务。乘客因故不乘坐预约车辆,且不提前告之调度中心或驾驶员的属于违约,该行为发生两次以上,1年内不列入用车服务承诺范围。

《办法》要求调度中心提供24小时电召服务,电召服务费收入分配应向驾驶员倾斜。同时《办法》还规定了电召用车服务承诺范围,包括保障早7点至晚7点城六环以内和晚7点至次日7点四环以内的电召服务业务。如遇恶劣天气等可能影响出租汽车安全运行的特殊情况,应提前告之乘客。

另外,《办法》还量化了电召服务的一些具体标准,如出租汽车司机电召候客应不少于10分钟,出租汽车驾驶员应确保每车每日执行2单电话叫车业务等。

5. 请根据以下材料,完成一次现场出镜报道。

9月29日,中国在酒泉卫星发射中心用长征二号FT1运载火箭将天宫一号目标飞行器发射升空。在相继实现航天员上天、太空行走之后,天宫一号为建设探索太空的前哨永久载人空间站迈出关键一步。与中国此前发射的航天器不同,天宫一号不再是“一叶孤舟”,它安装了几个对接口,入轨后将等待一个月后发射的神舟八号无人飞船,在地面人员控制下进行空间交会对接。今后两年内,中国还将发射神舟九号以及搭载宇航员的神舟十号与天宫一号对接,组装成一个能容纳三名宇航员工作和生活的空间站雏形。

发射塔架上,一、二、三组回转平台缓缓撤收,天宫一号器箭组合体终于揭开面纱:乳白色的箭体威风凛凛、英姿勃发。距发射只剩下15分钟,火箭控制系统B码终端已设置点火时间,接通“自动发射”后,地面勤务人员全部撤离了发射塔架。

“1分钟准备!”火箭控制系统转电,各系统脱插脱落,摆杆彻底摆开,导流槽自动喷水。“10、9、8、7……3、2、1,点火! 起飞!”顷刻间,长征二号FT1运载火箭尾部喷射出一团橘红色的火焰,托举着天宫一号目标飞行器拔地而起,直刺苍穹! 所有人都情不自禁地抬头仰望,目光追随着夜空中的最亮点,看着它如离弦之箭,拖着一条长长的尾焰渐行渐远,直到那抹亮光融入漆黑的天幕。

第二节　突发性事件报道题库

一、实战引导

范例8-6

请根据以下材料,完成一次现场出镜报道。

上午11时许,大兴区瀛海镇欧诺威家具厂发生火灾。这是一家专门生产床垫的企业,起火后,上千平方米的库房被烧塌,所幸火灾并未造成人员伤亡。

事发地点位于瀛海镇怡乐村。附近居民称,看到家具厂上空冒出大量黑烟,闻到周围空气中刺鼻的焦煳味,才知道是着火了。目击者说:“工人们都特别着急,看到明火控制不住了,就纷纷从库房往外搬床垫,最后在工厂门口堆了几十张抢出来的床垫。”

记者站在家具厂隔壁的楼房上看到,起火的是家具厂内一排约100米长、10米宽的库房,房顶是彩钢板的。由于火势蔓延十分迅速,最终这一大片库房全被烧毁。彩钢板房顶严重变形,全都坍塌了。旁边的一排库房也被火引燃,但房顶没有完全坍塌。家具厂的一位负责人来回奔跑,安排工人参与救火。

下午1时许,火灾现场的明火已被扑灭,但仍向外冒烟。七八名消防员依然端着水枪,踩在烧塌的彩钢板房顶上扑灭残火。据悉,仓库内货物受损严重,里面的床垫基本都被烧毁了。

下午2时许,消防员陆续撤离火灾现场。目前火灾的具体原因尚在调查中。

模拟主持:好的,主持人。我现在已经到达大兴区瀛海镇怡乐村,目前所在的位置是发生火灾的欧诺威家具厂隔壁一栋没有受到火灾影响的楼房的二楼阳台,从我这个角度可以清晰地看到整个火灾事故现场。

今天上午11点左右,我右手边这家欧诺威家具厂里一排约100米长、10米宽的库房起火,并且迅速蔓延,导致上千平方米的库房被烧毁,但所幸暂时没有人员伤亡的情况。根据刚刚对附近村民的采访我们了解到,一开始没有人意识到发生了火灾,直到看到家具厂的上空冒出黑烟,并闻到刺鼻的焦煳味,才知道着火了。大家顺着我右手的方向可以看到,这个家具厂门口堆放着几十张床垫,这都是在厂里作业的工人在火灾刚刚发生时抢救出来的。虽然距离火灾发生已经过去两个小时了,现场明火已经被扑灭,但是大家通过镜头可以看到,房顶还在冒黑烟,站在这里还可以闻到很浓的刺鼻味。我们的镜头往前推一下,大家可以看到,现场仍有七八名消防官兵站在已经被烧塌的、存在极大安全隐患的彩钢板房顶上扑灭残火,为的是防止二次火灾的发生。这样做其实非常危险,但是为了控制险情,他们不得不这么做。

据了解,这家家具厂专门生产床垫,床垫里含有大量海绵、棕榈、棉花等易燃物,因此火灾蔓延得非常迅速,导致这一大片库房全部被烧毁甚至波及另外一排库房,所幸消防员及时赶到,阻止了险情进一步扩大。目前火灾的具体原因还在进一步调查中,请观众朋友们持续关注我们的节目。

范例8-7

请根据以下材料,完成一次现场出镜报道。

19日晚,京港澳高速湖南岳阳段发生货车爆炸起火事故,造成5人死亡、20人受伤。事发2小时后,岳阳市蓝天救援队赶至现场。据现场救援队副指挥徐湘平介绍,爆炸的冲击波较大,部分车辆零部件被炸到高速路外的护林及50米外的山上,距爆炸点150米外发现遇难者遗体残骸。徐湘平说:“一共去了23个人6部车,今天凌晨两点才结束搜救。”蓝天救援队主要配合当地消防、公安等部门工作，针对高速公路两边护林及残骸车进行搜救。

徐湘平回忆，到达现场时，一台车还有明火，现场烟雾比较重，地上也很乱，“有很多青菜、水果以及汽车损毁的残骸零件”。他表示，网传汽车被炸飞到山上的消息并不属实，“只是零部件被炸了上去”。

在爆炸现场的右边车道，有一台车已被冲到了路边护林里，车头已损毁。

救援过程中，一些细节让徐湘平感动。他回忆，救援队到达现场后，当地人和志愿者给救援人员送来八宝粥和矿泉水。“我们本身是志愿者，但还有志愿者来帮助我们，这让我们很感动。”

模拟主持：各位观众，欢迎走进《民生在线》现场报道环节，我是记者××，现在由我来实地为您报道本次事故的最近进展。我现在所在的位置，是京港澳高速湖南岳阳段发生货车爆炸事故的现场，在此之前我们一直不被允许进入现场，直到消防支队确认明火已被扑灭后，我们才得以进入。在 4 个小时前，也就是今晚的 8 点 15 分左右，一辆超长改装且运载大量易燃易爆化学品的大货车在我身后约 200 米处发生自燃，并波及周边车辆，导致大面积汽车爆炸起火。我们先来看一下整个事故现场的情况。虽然现场烟雾比较浓重，但我们可以看到，距离我最近的这辆爆炸车辆已经面目全非了。根据我们从公安部门了解的信息，这辆车是运送水果蔬菜的，爆炸发生时被冲击波冲到了护林里，导致车头损毁。我脚下还有一些烧焦的青菜、水果，我站在这里可以清楚地感觉到脚底传来的热量。事故发生后 2 个小时左右，岳阳市蓝天救援队赶到了现场，副指挥徐湘平告诉我，从救援总部到事故现场有 20 公里。他们一共派遣了 23 人 6 部车，一路上应急车道全部畅通，才使得救援队顺利赶到现场。他们在现场的工作主要是对高速公路两边的护林以及残骸车进行搜救。在这辆运送蔬果的货车车头旁边，救援队发现了一具遗体。网上传言说有车辆被炸上山，我刚刚也特意问了徐指挥，他说这个消息并不属实，只有车辆的零部件和死伤者的财物受到冲击波冲击，被炸到了位于我左手方向的护林以及 50 米外的山上。根据徐指挥反馈给我的数据，事故已经造成 5 人死亡、20 人受伤，目前救援工作还在继续。

除此之外，观众朋友应该也注意到了，在我身后不时有穿着蓝色衣服的人提着篮子在走动,这些人大多是当地人和志愿者,他们为救援人员准备了八宝粥和矿泉水。不管是前线的救援还是后方的补给,都在为救出更多的生命而努力。只要有一丝希望,大家就绝不会放弃。

好的,以上就是本次报道的全部内容,如有最新进展,我们将及时为您带来报道,请您持续关注《民生在线》。

范例 8-8

请根据以下材料,完成一次现场出镜报道。

3 月 19 日下午 3 点多,衡阳市祁东县公安消防大队值班室接到报警:祁东县官家嘴镇风力发电场附近一越野车坠下山崖,有 4 人被困。接警后,祁东县消防中队迅速出动 1 台抢险救援车、7 名官兵赶赴现场救援。

救援人员赶到现场后发现,事发地点位于风力发电场场内的新建道路上。道路为配合风力发电场施工修建,沿该镇芭蕉山蜿蜒而上,道路两旁多为山崖,高度均在 100 米以上。经询问周围居民记者了解到,事故车辆为风力发电场工程车,在行驶至 4 号风机附近时,不慎滑下山崖,并沿 60 多度的山坡向下翻滚了 200 多米,车内有 1 人已经死亡。救援人员立即用绳索沿山崖向下搜索被困人员,在当地派出所民警和周围居民的帮助下,利用救生担架和绳索将 3 名被困人员从山崖下救起,并送往医院救治。目前,事故原因仍在调查中。

模拟主持:主持人好,观众朋友们大家好,我是记者×××。我现在所在的地方是衡阳市祁东县官家嘴镇风力发电场附近的芭蕉山。今天下午 3 点多,就在我现在所站的这个地方,一辆越野车翻下了山崖,车内 4 名被困人员中有 1 人不幸死亡。祁东县消防中队在接到报警之后,迅速出动 1 台抢险救援车、7 民官兵赶赴现场开展救援行动。现在救援行动已经结束,3 名被困人员获救,已被送往当地医院治疗。目前事故现场的清理工作仍在进行,事故原因还在调查中。

根据我们目前的了解,事发地点属于风力发电场的内部,也就是说,这条蜿蜒的沿山路是为配合风力发电场的内部施工才修建的。这条道路的平均高度在 100 米以上,两旁多是山崖,侧身一望可以说是深不见底,应该说是属于非常危险的道路。出事的越野车是风力发电场的工程车辆。它在行驶到 4 号风机附近时，不小心滑下山崖。随后这辆车沿着 60 多度的山坡向下翻滚了 200 多米才停下。祁东县消防中队到达事故现场之后，立即用绳索沿着山崖向下对事故车辆进行搜救，在当地派出所民警和周围居民的帮助之下，利用救生担架和绳索等救援工具将 3 名被困人员从山崖下救起，并送往当地医院救治。

虽然现在还不知道事故的原因，但在这里我们要提醒各位，驾车行驶这样地势险峻的道路时，一定要小心谨慎。好的，现场的情况就是这样，主持人。

范例 8-9

请根据以下材料，完成一次现场出镜报道。

3 月 7 日 19 时 5 分，泉州市欣佳酒店发生楼体坍塌。经初步摸排，事发时大楼内被困人员有 71 人(不含自行逃生 9 人)。

泉州市应急救援工作领导小组常务副组长、泉州市常务副市长洪自强介绍，该坍塌建筑建设于 2013 年，2018 年改造为欣佳酒店，并于当年 6 月开业，酒店有各类客房共计 80 间。新冠肺炎疫情发生后，欣佳酒店作为集中医学观察点，用以对来自重点疫区或有相关旅居史的人员进行集中医学观察。事发当时，欣佳酒店集中医学观察点共入住重点疫区或有相关旅居史的人员 58 人，经过核酸检测均为阴性。

目前，泉州已调度医疗抢救组 750 多人，调集 20 部 120 救护车开展抢救。救治过程中，医生对集中医学观察的受伤人员按照疫情防控标准进行救治，医护人员已做好自身保护。目前，当地已经成立事故调查组，该楼房业主已被公安部门控制。

模拟主持：主持人好，观众朋友们大家好。我现在所处的位置是福建泉州的欣佳酒店坍塌事故现场。这里刚刚发生了一起严重的坍塌事故，大家可以看到，在我的身后酒店已经完全塌陷，变成了一片废墟。建筑材料相互堆积着，使本次援救行动难度升级。据附近居民反映，他们听到了一声巨响，急忙出门查看，发现高楼已经成为平地，受损程度十分严重。根据我们的了解，欣佳酒店是本次疫情的一处医学观察点，用以对来自重点疫区或有相关旅居史的人员进行集中医学观察。经初步排查,事发时大楼内被困人员有71人,包括酒店服务人员和游客。我们的消防官兵正在紧急救援当中,不惜一切代价要将被困人员从废墟中解救出来,救护车队也在时刻待命,希望将被困人员的伤亡风险降至最低。目前,该楼房业主已被公安部门控制,本次坍塌事故的具体原因还在调查当中。

好的,主持人,现场情况就是这样,后续情况我们会随时跟进报道。

三、训练题库

1. 请根据以下材料,完成一次现场出镜报道。

5月4日中午1时05分,兰临高速临洮方向28公里处两辆轿车发生追尾事故,韩家河高速巡警大队正在处理该起事故时,一辆失控的液化气槽车从后方冲了过来,连撞13辆等候放行的车辆。据了解,此次交通事故共造成1人死亡、8人受伤,其中3人伤势严重,兰临高速临洮方向道路暂时封闭。

当日下午3时许,在事故现场,短短500米的距离内横七竖八停地停放着十几辆车,所有车辆均不同程度受损。韩家河高速巡警大队民警正在勘查现场,事故清障车在现场清理事故车辆。此次事故中多车受损严重,其中一辆车号为甘A·EU126的现代车横在路中央,车尾部被巨大的冲击力撕裂,车头部位同样受损严重。不远处有一辆车号为甘A·35869的液化气槽车,车头冲入路边的隔离带,右侧车头部位受损严重,而一辆车号为甘A·H8413的尼桑轿车四脚朝天地被液化气槽车压在底下。据目击者称,该尼桑车共有4名司乘人员,坐在副驾驶位置的一名女性当场死亡,其余3人伤势较重。

一名受损车辆司机告诉记者,当时他们正在等候交警放行,液化气槽车突然贴着车体冲了过来,他见状立即打方向盘闪避,但液化气槽车的尾部还是撞上了他的车尾。紧接着,前方车辆接连被撞,碰撞声此起彼伏,而那辆尼桑轿车直接被撞飞至路边,液化气槽车直到撞上该车才停了下来。

2. 请根据以下材料,完成一次现场出镜报道。

9日晚开始,赣西北出现大到暴雨,局部大暴雨,强降水主要集中在九江市。

截至目前，九江修水县成为江西这轮降雨中受灾最严重的地区。

记者在受灾最严重的白岭镇温泉村看到，村口河流两岸的树木多数被冲倒，路边电线杆也被连根拔起，稻田被大水裹挟的泥沙覆盖。村中唯一一条水泥路上铺满厚厚的淤泥和各种杂物。村民胡林梅告诉记者，村口小河半夜开始涨水，河水很快就冲进村中，惊醒的村民们跑到高处的朋友或亲戚家躲避，水位最高时没过她的胸口。

在胡林梅家的墙壁上，洪水留下的痕迹大概在1.5米的位置，家中的家具和家电大多已被冲走，只有一张床因为浮在水上而保留下来，床上堆满了刚刚抢救出来的物品。由于是半夜匆忙逃出，胡林梅还穿着从亲戚家借来的衣服。初步统计，修水全县共有36个乡镇28万人受灾，倒塌房屋1152间。

目前，修水县正加紧对洪水造成的新险情进行排除，并着手安排受灾群众的生活。白岭镇党委书记向记者表示，镇里700米海拔的山上有一座水塘，已经出现裂缝。为确保安全，从10日下午开始，当地干部已通知地势较低的村民转移，预计将转移村民4000人左右。

3. 请根据以下材料，完成一次现场出镜报道。

近日新疆伊犁州遭遇24年来最大雪灾，导致21 515人受灾、1人死亡。重灾区尼勒克县1399公里牧区道路被封，3000名牧民被困。

在尼勒克县苏布台乡记者看到，往年这时候牧民转场的牧道已经被60厘米的积雪完全覆盖。在茫茫大山中，根本无法看出牧道的存在。在现场，两辆铲车正在把牧道上的积雪慢慢铲起，放到道路两边。铲车司机告诉我们，这几天大雪，山区积雪最厚的地方已经达到1.5米，他们必须尽快疏通牧道，方便牧民出行和物资运送。

在加哈乌拉斯台乡，记者遇到了刚从被困牧区安全转移出来的哈萨克族牧民切布克多满，在这次雪灾中，他家的房屋和牲畜棚圈被大雪压塌，只能暂住在朋友家。

除了牧区道路之外，尼勒克县的公路也非常难走。记者从伊宁市赶往尼勒克县，原来90多公里的路程只需要1个多小时，但因道路结冰严重，现在需要4个小时。道路不畅，在一定程度上影响了救灾工作的开展和救灾物资的运送。

不过令人欣慰的是,目前所有被困的牧民有房住、有饭吃、不受冻。

4. 请根据以下材料,完成一次现场出镜报道。

昨天上午 9 点,南京理工大学光华路校区内一废弃实验室突然发生爆炸,爆炸巨响惊人,千米之外都有震感。现场腾起一股浓烟,目击者称如同“蘑菇云”。

记者接到消息后迅速赶往现场,目睹了消防官兵和警方的援救过程。房屋爆炸倒塌,里面并无学生,当时正在施工的 5 名施工人员有 4 人被埋,救援人员将被埋人员全部救出,紧急送往医院抢救。

一位围观同学告诉记者,他就住在距离爆炸现场最近的 28 号男生宿舍楼。早上 9 点,爆炸声和他的闹钟声几乎同时响起,把他吓了一大跳:“当时炸了一声,升起一股白色蘑菇云后,就什么动静都没有了。这个爆炸不是化学物品爆炸,因为空气中没有异味,爆炸地也没有起火。”还有同学表示,可能是在废弃实验室里进行拆迁的人弄断了电线,引燃了里面的易燃易爆物品,导致爆炸。该同学告诉记者:“我当时就躺在床上看手机,9 点的时候,眼前突然闪过一道强烈的红光,紧接着就发生了爆炸。这个光可能就是电火花燃烧的一瞬间发出的。”

这次爆炸对南京理工大学 28 号男生宿舍楼影响不小,记者在现场看到,不少宿舍门窗被震裂,12 层与 13 层的楼顶板被震得脱落。中午 11 点左右,校方已经在宿舍门口对损失进行统计。目前事故原因仍在调查中。

5. 请根据以下材料,完成一次现场出镜报道。

5 月 1 日下午 5 时 38 分,新浦区新东派出所接到报警称,华联广场公交站台对面的马路边,一名男子持刀闹事,已把一名婴儿捅伤。接到报警后,两名正在路面巡逻的民警立即调转车头赶往事发地点。

现场,只见一名 30 多岁的黑衣男子用左胳膊将一名 50 多岁的妇女抵在路边的电线杆上,右手拿着一把明晃晃的刀。民警经了解得知,这两人是一对母子,母亲姓孟,儿子姓占。当天儿子打电话让母亲带钱到华联广场来,结果母亲人到了,却没带钱。同时在场的还有占某的前妻周某,周某怀中抱着一个不到一岁的小婴儿。当占某听说母亲没带钱后,一下子将她推到旁边的电线杆上,并掏出随身携带的刀逼她拿钱。见此情形，周某便上前劝阻。结果，占某的情绪突然失控，竟一刀捅向小婴儿。随后婴儿被周某抱往附近医院救治，但占某并没有因为伤人而罢休，而是再次用刀逼母亲掏钱。

两位民警一边向所里汇报，一边积极展开劝导施救工作，劝其放下刀，投案自首，但占某情绪十分不稳定。很快，派出所教导员闫涛带领一名辅警龚兴志赶到现场，两人一左一右选择了占某背后靠马路的有利地形，伺机行动。就在民警与占某聊天分散他的注意力时，占某持刀的右手突然向后甩了一下，闫涛一个眼色，龚兴志立即上前一个截腕，占某手中的刀应声落地。另外两位民警则同时上前，三人死死地将占某压在身下，前后大约 10 分钟，孟某得以安全脱身。

经初步了解，占某平时靠母亲养活，当天为什么会和前妻出现在华联广场，又为什么会出手劫持自己的母亲，目前警方还在进一步调查中。

第三节　民生新闻报道题库

一、实战导引

范例 8-10

请根据以下材料，完成一次现场出镜报道。

日前，北京市公安局丰台分局云岗派出所接到报警称，云岗北里一家烟酒店被撬，经初步清点，店内被盗现金、名牌烟酒等价值 3 万余元的财物。民警发现，案发当日凌晨，5 名年轻男子的身影出现在距离案发地最近的监控内，20 分钟后出现在 3 公里外的监控视频里，然后消失。民警判断，这 5 人有重大作案嫌疑。

通过进一步观看周边视频资料，民警发现嫌疑人在消失后，附近出现两辆出租车，并很快驶离现场。经司机指认，当晚确实有两名疑似视频中的年轻男子打车，并在王佐镇佃起中心村下车，随后消失在深巷中。通过走访，一位治保积极分子认出视频中一个走路有点“外八字”的男子很像村民张某。据张某朋友反映，最近张某的确有些反常，"连抽的烟都贵了"。民警确定张某具有重大作案嫌疑。3月7日上午，民警在张某家中将其抓获，现场起获了大量被盗物品。随后，根据张某供述，民警将陆某某等其余7名盗窃团伙成员以及两名收赃人员抓获。

据嫌疑人张某供述，由于学习成绩不好，几个年轻人便常聚在一起，白天骑偷来的摩托车到处寻找作案地点，凌晨再集体出动作案。据供述，该团伙已作案多起，目前案件尚在调查之中。

模拟主持：好的，主持人。观众朋友们大家好，我现在所处的位置是北京市公安局丰台分局云岗派出所。近日，云岗北里一烟里酒店被撬，经初步清点，店内被盗现金、名牌烟酒等价值3万余元的财务。民警经调查发现，案发当天凌晨，5名年轻男子的影像出现在距离案发地最近的监控内，20分钟后出现在3公里以外的监控视频里，然后消失。民警判断，这5人具有重大作案嫌疑。

通过进一步观看周边视频资料，民警发现在嫌疑人消失后，附近出现两辆出租车，并很快驶离现场。经司机指认，当晚确实有两名疑似视频中的年轻男子打车，并在王佐镇佃起中心村下车，随后消失在深巷中。通过走访，一位治保积极分子认出视频中一个走路有点"外八字"的男子很像村民张某。据张某朋友反映，最近张某的确有些反常，"连抽的烟都贵了"。民警确定张某具有重大作案嫌疑。3月7日上午，民警在张某家中将其抓获，现场起获了大量被盗物品。随后，根据张某供述，民警将陆某某等其余7名盗窃团伙成员以及两名收赃人员抓获。

据嫌疑人张某供述，由于学习成绩不好，几个年轻人便常聚在一起，白天骑着偷来的摩托车到处寻找作案地点，凌晨再集体出动作案。为了不被事主和警察认出，他们在得手后都会将摩托车、电动自行车重新喷漆。据供述，该盗窃团伙在3个月内，以撬砸门窗的方式，盗窃小商店、饭馆、网吧财物20余次。目前，张某等犯罪嫌疑人已被警方刑事拘留。案件还在进一步调查中。

范例 8-11

请根据以下材料，完成一次现场出镜报道。

昨天，望城坡新奥加气站旁边的马路出现了一些状况，民众发现中午还十分平整的路面在傍晚时突现一个大坑，许多路人差点栽进坑中。面对这一从天而降的大坑，住在附近的居民都气愤不已。

“我出去吃饭回来，带着女儿从这里过，这里有个洞，我就抱着她往那边一倒，车子差一点就悬在空中了。”家住南家塘小区的王先生昨天晚上骑电动车路过这里时差点栽进坑里。这个大坑有近 3 米长、1.5 米宽、1.5 米深。大坑所在的道路是通往南家塘小区的主要干道，现场没有任何警示标识和围栏。

这条马路上为何会突然冒出一个大坑呢？据施工方合胜电力公司的负责人解释说，他们正在填埋高压电线，这个坑是用来埋电力管的。

小区居民表示电力公司要埋高压电线他们都能够理解，令他们气愤的是，一个如此大的坑旁，竟然没有任何警示标识，随时都有可能发生意外。面对这一状况，施工方表示没有及时竖立警示标识和围栏确实是他们不对，将立即解决该问题。

模拟主持：好的，主持人！今天我们接到市民的电话，说是自家门口突然冒出来一个大坑，我们马上赶到现场。我现在所在的位置是望城坡新奥加气站旁边的马路上，可以看到，在我身后的左侧有一个大坑，据了解，中午还十分平整的路面是在傍晚时分突然冒出这个大坑的。

从我们赶到现场到现在为止短短半小时，就看到数位路人差点栽进坑中，其中一位王先生带着女儿骑电动车经过时险些栽倒悬空。这样的安全隐患实在是危险至极。

让我们走近看一下，这个坑将近 3 米长，宽和深都有 1.5 米左右，比咱们平时家用的浴缸还大几倍。尤其是雨天路滑，一不小心就容易栽倒进去。这条道路是通往南家塘小区的主要干道，而我们的镜头可以扫一下这个地方，完全没有任何的警示标识和围栏，随时都有可能发生意外。附近的居民都对这莫名其妙的大坑和没有警示标识的行为感到气愤不已。那么究竟是什么原因导致了这一系列的问题呢？记者刚刚联系上施工方合胜电力公司的负责人，他解释说挖坑是因为工人正在填埋高压电线，没有及时竖立警示标识和围栏是他们的失误，将立即做好安全防护工作。

在这里，我们提醒电视机前的每一位市民，在遇到此类事情时要勇敢站出来保护自己的权益，也希望所有施工单位在施工时都要做好警示标识，不要抱有侥幸心理。

好了，以上就是本期节目的全部内容，我们下期再见。

范例 8-12

请根据以下材料，完成一次现场出镜报道。

“最希望有人在身边说话，哪怕和老伙伴们义务为村里清扫街道，都觉得得劲。”61 岁的山西阳曲县侯村村民张六妮的老伴今年六月刚刚去世，三个儿子料理完父亲的丧事后不久，就继续回到城里打工了，只剩她孤独地守着孩子们的院落。

青砖建造的房屋经历了几十年风雨，部分屋顶已经坍塌。进入深秋，院子里的草木凋零，显得特别凄清。张六妮身体健朗，只身收完地里的玉米，突然闲下来，她茫然若失。不过近几年她的身体也出现了一些问题，去年住了几次院，虽然已无大碍，但是谈到身体，她觉得不如前几年了。

“每天都盼着过年，儿孙们能回来聚一下是我唯一的念想。”老伴去世后，张六妮每天都数着回忆过日子，在她看来，日子过起来单一、漫长。“经常想起孩子们小时候的样子，还有老伴在的时候。”

在中国人把目光集中投向城镇和大都市时，有一部分人仍然居住在交通闭塞的偏远村落，这样的村落鲜有青壮年，只剩下不愿离开故土的老人，他们的生存状况和心理问题需要我们给予更多关注。

模拟主持：观众朋友们好，我现在身处山西阳曲县侯村一所很普通的青砖房屋的院子里。向里望去，我们可以看到这座房屋的部分屋顶已经坍塌破败了。现在是深秋，院子里草木凋零，走近一些我都能够闻到一股凄清萧瑟的味道。

就是在这样一座拥有十几间屋子的空旷院落里，住着一位 61 岁的老奶奶张六妮。她的老伴今年六月刚刚去世，三个儿子料理完父亲的丧事后不久，就回到城里继续打工，剩下她一个人孤独地守着孩子们的院落。

我们现在进到房里来，虽然陈设很简陋，家电也只有几件，但屋里十分干净整洁，好像随时都在等候着儿孙们的归来。

通过之前跟张奶奶的谈话我们了解到，虽然她的身体不如前几年了，但总体还算健朗，一个人能收完地里的玉米，忽然闲下来，感觉有些迷茫。她最希望有人在身边说说话，哪怕和老伙伴们义务为村里清扫街道，都觉得得劲。因为老伴去世后，日子过起来单一、漫长，所以她每天都盼着过年，希望儿孙们能回来团聚。张奶奶在说这些话时，布满皱纹的眉头和遍布老茧的双手紧紧拧在了一起，望向我的眼神里充满着期待。

可怜天下父母心。在这样一个人们的目光都集中投向大都市的时代，我们应该注意到，有一部分人仍然居住在交通闭塞的偏远村落。在那里，鲜有青壮年，只剩下不愿离开故土的老人孤独地生活着，我们应该更加关注他们的生存状况和心理问题。

好了，以上就是本期节目的全部内容，我们下期再见。

二、训练题库

1. 请根据以下材料，完成一次现场出镜报道。

22 日上午 10 时左右，郑州东站的三层候车大厅已被打扫得干干净净，大厅内只剩下部分小商铺在装修。在售票窗口处，工作人员在紧张地测试系统。下午 2 时 30 分，前来购票的旅客逐渐增多。2 时 32 分，售票窗口上方的电子显示屏开始显示石武高铁郑州至武汉段的列车时刻表，而旁边的六台自动售票机则仍显示为设备维护中。3 时整，郑州东站举行了客票首发仪式。与此同时，售票窗口和自动售票机开始正式接待购票旅客。

高铁车票为磁介质票，正面为蓝色，显示有车次、姓名、身份证号、开车时间及座席号。背面是黑色的磁介质，并附有铁路旅客乘车须知。目前，高铁电话订票、互联网售票预售期为 12 天，窗口预售期为 10 天。

2. 请根据以下材料,完成一次现场出镜报道。

37 块按国际标准制作的标志牌日前在临潼“走马上任”。这 37 块标志牌都设立在快速干道两旁,全部按照国际标准制作,长 4.5 米、宽 2.4 米、高 8.5 米,正面为中英文对照的交通指示图,有的还注明了停车场方位,反面为临潼各景区的形象展示,内容都经过了专家的严格论证,具有道路指示和旅游推介的双重作用,非常醒目。今后,游客只要进入临潼,基本上不需要找人问路,按照指示牌就可以顺利到达各景区,游遍临潼。

此外,为防止五一假期大量自驾车涌入临潼造成停车困难,西安市公安局临潼分局交警大队在兵马俑、华清池等景点附近增加了 15 000 个临时停车位,以满足自驾游客的需求。据交警部门介绍,节日期间,在不影响交通的情况下,车辆也可以在路边临时停放,但希望大家在方便自己的同时,不要影响其他车辆的正常通行。

3. 请根据以下材料,完成一次现场出镜报道。

广西桂林市气象局 30 日凌晨 3 时发布暴雨红色预警。持续强降雨导致旅游名城桂林多个临水项目受影响,桂林海事局当天下达排筏封航令,阳朔辖区内 2600 多张排筏今明两天全部停航。

受冷空气和西南暖湿气流共同影响,4 月 29 日开始,桂林遭遇强对流天气,普降大到暴雨。根据水文部门预测,洪峰将于今天下午到达阳朔,届时漓江阳朔段水位将上涨 3 米,突破 106 米的排筏警戒水位。目前阳朔县内 2600 多张排筏已有序停泊在安全水域。

一连两天的暴雨使漓江水位也持续上涨。据桂林水文站 30 日上午 9 时的消息:漓江水位 145.56 米,流量 1950 立方米/秒。由于水位暂未涨至旅游船舶封航水位线,因此漓江流域旅游船舶暂未受到影响。

最新气象资料显示,5 月 1 日桂林天气将逐渐转晴,届时各水上项目旅游景区将根据水位和天气条件适时调整游览计划,确保游客安全。

据悉,五一小长假第一天,磨盘山码头和竹江码头共发出 60 艘游船,逾 6000 名中外游客乘船欣赏了如梦如幻的“烟雨漓江”胜景。

4. 请根据以下材料，完成一次现场出镜报道。

5 月 4 日，有网友发帖反映安阳洹水公园西北角的湖面上许多鱼翻起了白肚，还伴有臭味。得知该消息后，记者立即赶往洹水公园一探究竟。

上午 9 点多，记者来到洹水公园，由于正值周末，公园里到处都是休闲游玩的市民。记者沿着湖边向西北走，起初没有发现死鱼，只有少量的树叶和垃圾，然而在湖的尽头，也就是洹水公园的西北角，湖面上开始出现死鱼，并且越来越多，部分鱼泡在湖里甚至已经腐烂，散发出难闻的臭味。几经寻找，记者终于在湖边找到了一个排污口，走近发现白色的污水直接流入湖中。

记者顺着排污口往上走，查找排放污水的源头。记者发现，在湖的西边是一个小山坡，污水就是从这个山坡后面流出来的，而这个山坡的后面是居民生活区，排放到湖中的污水有可能是居民区的生活污水。

公园工作人员告诉记者，湖里的鱼大量死亡，可能与近期湖面水位下降，湖水含氧量不足有关。此外，污染源排放口向湖里直接排放污水，更加剧了鱼类的死亡。目前公园莲花湖正在施工，完工后就会引来安阳河水，水质将得到有效改善。

5. 请根据以下材料，完成一次现场出镜报道。

每年立夏的这一天，正是洋槐树开花的时候。在槐花清雅的香气中，苏家坨镇的各个村庄早早忙碌起来。由各村德高望重的老人负责组织，大家分工合作，有人拿着筐箩或盆子到各家各户去收杂粮，并由村中长者将这从百家取来的红小豆、绿豆、小米、大米、花生、玉米渣、枣、葡萄干等十几种杂粮放在一起拌匀，用清水淘净后放在一口大锅里，加水，点火，慢慢熬。有的人负责看守锅，用勺子不停地搅拌以免煳锅，还有的人负责捡柴、烧火。经过个把小时的慢火熬煮，掀开盖子，粥香四溢，米的香味、枣的甜味，再加上槐树花的清香，让人闻了垂涎三尺。

这时，全村的男女老少都拿碗来喝粥，就连游客都可以参与进来。喝粥声、嬉笑声、孩子的打闹声充斥着整个村庄。

立夏粥，在近几年的演变中也不光只是喝粥了，还增添了其他野菜、凉菜和酒肉等。大家围坐在一起聊家常、说笑，凡参与者必须喝一碗立夏粥，目的是图个吉利。据老人说,凡在立夏这一天喝了立夏粥,可保一年平平安安、无病无灾,虽然这只是传说,但也成为老百姓的心理寄托。

6. 请根据以下材料,完成一次现场出镜报道。

3 日上午 10 时许,一支身穿古装服饰,抬着大红花轿,提着灯笼,举着“陈府”、“迎亲”和“囍”字等招牌的喜庆队伍,在唢呐和锣鼓声中步行在教育西路、人民中路等路段,引来不少路人驻足观看。

中午,这支古装队伍原路返回时,大红轿子里已坐上了娇俏的新娘。“这样的婚礼,既热闹又喜庆,有个性!”在确定这是一支娶亲队伍后,不少市民如此表示。

走在花轿前面的新郎陈先生是位“海归”,平时爱玩新花样。28 岁的他和学艺术的 90 后新娘想法一样,就是想通过此举,让婚礼更热闹、更难忘。

陈先生告诉记者,以复古形式迎亲在玉林并不多见,且大多是由婚庆公司策划的,他不想将自己的人生大事假手他人。因此,在婚期定下后,他便开始着手策划和筹备,虽然操持起来有些辛苦,但能在大喜之日获得这样的效果,他和新娘都认为很值得。

7. 请根据以下材料,完成一次现场出镜报道。

5 日中午 12 时,98 岁的骆叶氏正依着窗户坐在新搬进的板房里,65 岁的儿子骆文军在门外的厨房里烧火,几名志愿者在帮他打下手。

骆叶氏的新家是三间房,两卧室一客厅。客厅桌子上堆满了各种干粮、饮品,卧室的床和被单都是新的,但角落里仍堆放着母子俩的旧衣物。

客厅里有崭新的凳子,骆叶氏却不愿意坐上去。“解放军给我们送吃送水,还给我们修新房子,好勤快,但我还没给他们烧一口水喝,这新凳子他们没有坐,我也舍不得坐。”

这时,骆文军端着满满的一碗饭来到母亲身旁,不说话,脸上带着憨笑。

骆文军身患智力障碍,与母亲骆叶氏相依为命四十载,是芦山龙门乡清龙场村河心组的特困五保户。地震发生时,房屋瞬间倒塌,母子俩人均不在屋内,才侥幸逃过一劫。

地震后，垮塌下来的横梁刚好掉在骆叶氏的家门口，她每天只能来回蜷着身体越过。家里连凳子都没有，家当全被埋在了废墟里。

成都军区官兵在得知母子俩的遭遇后，在他们的房子后面选了一块空地，派人连夜冒雨修建了这个板房，让母子俩早点有一个舒服的家。

年迈的骆叶氏说话不太清楚，但时常在新家用当地方言喃喃自语：求菩萨保佑好人平安。

8. 请根据以下材料，完成一次现场出镜报道。

没被堵在高速上，却被堵在了高速出口，按捺不住待嫁女儿心，新娘在众人陪同下步行走出匝道口。这一幕发生在昨日傍晚金寨路高速出口前。

昨日是五一小长假最后一天，16 时许高速公路迎来返程高峰，不少车辆从南京、安庆方向往合肥赶。“高速上不堵，没想到出口这么堵。”不少下高速的司机表示。16 时左右，大量车辆从高速路一直排到匝道出口，形成了近百米的长龙。在该出口，难耐堵车的心烦，许多人选择下车走下高速。

在匝道口执勤的高速支队一大队队长李波说，从当日 15 时开始，该出口就出现了拥堵现象。“这就像一个葫芦，匝道是葫芦口。因匝道为单车道，通行量太小，导致车辆下高速后不能及时离开。”为了疏导拥堵的车辆，他一边指挥车辆快速通过匝道，一边不断联络市区交警，确保市区出口处的交通通畅。李波表示，其实从包河大道出口和滨湖大道出口也可以下高速，但司机大多嫌远不愿绕行，这也造成了车辆过度集中。记者就此询问了几位司机，有人表示不知道其他出口，还有人表示：“我家就住在这附近，那两个出口离市区太远了。”

9. 请根据以下材料，完成一次现场出镜报道。

今天上午 10 时 10 分左右，淮安市北京北路上，一名少年跪在路边哭泣近 1 个小时，过路的热心市民将跪地少年扶起，经询问得知，少年是因为在学校偷拿同学的钱物被老师停课，孩子母亲责罚少年跪在马路边不准回家。

该少年表示，母亲用高跟鞋打自己的手，并且用牙咬自己的手，现在手已经伸不直了。现场许多市民对孩子被罚跪地表示愤怒，纷纷对孩子家长表示谴责。

热心市民王女士用手机拨通了少年母亲蒋女士的手机,沟通后,孩子的母亲同意来现场。来到现场后,蒋女士称,孩子三天前偷同学的东西,老师叫家长到学校,已经是第二次了,做家长的也没有办法了。最后经过现场市民的劝说,孩子母亲认识到了自己的做法有不妥之处,表示会用别的方式教育孩子,现在就带孩子去学校找老师,为孩子恢复上课。

10. 请根据以下材料,完成一次现场出镜报道。

昨日,泉山区食品药品监督管理局的执法人员来到淮海西路的碧水云天大酒店。

在该酒店相关负责人的指引下,执法人员进入厨房检查。执法人员发现,这家在徐州有一定规模及知名度的酒店,厨房卫生条件却不尽如人意。厨房面积约有三四十平方米,最东侧是一排灶台,中间是几张工作台,几名厨师正在忙着切肉、剁骨头,就在切肉的工作台上,还有厨师在切水果。厨房物品摆放凌乱,两个塑料垃圾桶就摆放在切菜工作台的西侧,散发着异味。

执法人员发现,厨房地面破损,油污遍地,墙皮已出现剥落,油烟机上积着厚厚一层油垢。清洗碗盘的地方和厨房没有隔开,现场污水横流,地面上随处可见掉落的剩菜,清洗盆内堆满尚未清洗的碗盘。现场执法人员也未看到回收废油脂的专用器具,对此,该酒店相关负责人承认,他们没有设置专门的废油脂回收器具,而是直接将废油脂倒入下水道。

一位执法人员告诉记者,4 月 29 日,执法部门已对这家酒店进行过一次检查,但从现场情况看,问题依旧存在。对此,执法部门将依照相关规定限期其整改,并依法进行处罚。

执法人员告诉记者,泉山区餐饮企业云集,如果市民在泉山区的餐饮企业就餐时发现问题,可以拨打举报电话 12345。只要接到举报,执法人员将立即赶赴现场调查处理。

主要参考书目

1. 张颂. 播音创作基础[M]. 北京：中国传媒大学出版社，2011.

2. 罗莉. 实用播音教程——电视播音与主持[M]. 北京：中国传媒大学出版社，2003.

3. 郭红玲，杨涛. 非节目主持艺术[M]. 北京：中国广播电视出版社，2011.

4. 应天常. 节目主持人通论[M]. 武汉：武汉大学出版社，2010.

5. 罗莉. 电视播音与主持艺术[M]. 北京：北京广播学院出版社，2004.

6. 吴郁. 节目主持艺术探[M]. 北京：北京广播学院出版社，1999.

7. 仲梓源. 播音主持艺术入门训练手册[M]. 北京：中国传媒大学出版社，2009.

8. 宋晓阳. 出镜记者现场报道指南[M]. 北京：中国广播电视出版社，2008.

9. 王文丽，张雪，王清，等. 新编主持人话题宝典[M]. 北京：中国传媒大学出版社，2012.

10. 贾毅，张琦，田丰，等. 播音主持艺考培训教程[M]. 北京：中国传媒大学出版社，2013.

11. 林成益，帅学华. 现代礼仪修养教程[M]. 杭州：浙江大学出版社，2007.

另本书参考了人民网、新华网、东方网、光明网、中华铁道网、观点中国、《扬子晚报》、四川在线、荆楚网、南海网、《深圳特区报》等网站相关内容。